AV PONT-A-MOVSSON,

Par Melchior Bernard, Imprimeur de Monseigneur le Duc
de Lorraine, & de l'Vniuersité dudit Pont.

1603.

Suscipe benedictionem hanc, quam attulit ancilla tua tibi. 1 Reg. c. 25. Thomas de Leuse

II

STANCES
DEDICATOIRES

A TRES-CHRESTIEN, TRES-
AVGVSTE, ET TRES-VICTORIEVX
Monarque, HENRY IIII. Roy
de France & de Na-
uarre.

I.

C'Est beaucoup, Roy sans-per, par ton bras re-
douté
D'auoir des fors Gaulois l'Empire conquesté,
Et malgré les effors de l'Espagne, & de Flãdre
Par moyens non-humains, outre l'espoir des tiens
Te rendre le plus-grand des Monarques Chrestiens,
Faisant ton heur egal au grand heur d'Alexandre.

2.

C'est beaucoup en-courant par l'Oliue ton fer,
Apres les fiers combas ton courroux estouffer,
Ioignant à ta valeur vne douceur immense,
Et par le doux attrait du pardon emble-cœur
Demeurer par-sus tous loüablement veinqueur,
Te monstrant par effet vn Cesar en clemence.

A 3

3.

C'est beaucoup de ranger au saint ioug de tes Loys
La turbulante humeur de maints hardis Gaulois,
Qui, dereglez nauoient, pour regle, que le vice,
Et soubs tes Magistrats voir ceux-la tremblotans,
Qui sans bride viuoient, faisant, SIRE, en ton temps
Du sage-preux Traian reuiure la Iustice.

4.

Et c'est encor beaucoup apres vn si grand feu
De ruines, de maux & sang, d'auoir receu
La sainte Paix pour fin de ceste guerre iuste,
Et pour le bien des Tiens voir d'vn-coup reconquis
Tout ce qu'vn Mars tardif auoit sur toy acquis,
Te rendant par la paix plus celebre qu'Auguste.

5.

Mais, SIRE, c'est bien plus d'auoir l'abbus quitté
Qui en tes ieunes ans trompoit ta Maiesté,
Pour entrer dans le clos de la diuine Barque,
Car ta conuersion te rendant filz aisné
De l'Eglise de DIEV, SIRE, t'a couronné
Comme Roy de toy-mesme, & du monde Monarque.

6.

Le progrez que tu fais en la perfection,
SIRE, vient du progrez de la deuotion,
En cela ta grandeur au grand Dauid ressemble:
Dauid estoit deuôt, Dauid en sainteté
Tous les Roys surpassoit, Dauid par pieté
Estoit heureux, clement, paisible, & iuste ensemble.

7.

Hé! qui s'estonnera de te voir assisté
De tant de dons parfais? puis-que la pieté
Est de toutes vertus la riche pepiniere?
Non, non, SIRE, tant-plus qu'en toy s'affermira
Le seruice de DIEV, tant-plus esclatera
De ton los immortel la brillante lumiere.

8.

Pour donc ce soin deuôt en toy faciliter,
Daigne sur ceste Muse, ô Roy, tes yeux ietter:
SIRE, deuant tes pieds, voicy, elle s'encline,
Ee à le regard doux, resonante la voix,
La Croix dessus le front, le liure entre les dois,
Et ne pousse autre chant que la gloire diuine:

9.

La voicy, que laissant l'Hebreu, & le Gregeois,
Pur se communiquer au grand Roy des François,
Les François prent l'habit, le langage, & le geste:
Ee vient deuant toy, SIRE pour t'honorer,
Par ses vers elle donne aduis, pour t'asseurer
Et heureuse fortune, & fortune moleste.

10.

As-tu l'ame angoissee? elle t'esiouyra,
As-tu le cœur contrit? elle t'aplanira
Le sentier pour marcher au joug de Penitence,
Elle te fera voir du peché la laideur,
Et à tes mains rendra palpable la grandeur
De l'ayse, dont iouyt la pure conscience:

A 4

11.

Veux-tu, SIRE, quittant le plaisir d'icy bas,
Gouster vn peu le miel du celeste repas?
Elle te comblera d'vne allegresse extréme,
D'vn saint Entousiasme elle te rauira,
Dans le Ciel par extase elle t'enleuera,
Faisant vn doux transport de toy, hors de toy-mesme

12.

Fay toy donc vn Dauid ceste Muse embrassant,
Si tu aymes ton bien, SIRE, la cherissant
Tu seras saint, heureux, clement, paisible, & iuste
Car te rendant Dauid enuers DIEV, tu te fais
Plus grand en heur, clemence, en la iustice, en pais,
Qu'Alexandre, Cesar, que Traian, & qu'August.

SONNET

CONTENANT LE
SOMMAIRE DES DEVOTS

E L A N C E M E N S, *fait par Monsieur de
Selue, Conseillier d'Estat, & Chancelier à* M A D A M E.

VEux-tu sentir l'effect de la contrition?
 Veux-tu te disposer à faire penitence?
De l'Absolution ressentir l'allegeance,
Et resolu, t'armer de satisfaction?
 Veux-tu t'acheminer à la refection,
Adorer ardemment l'Inuisible Substance,
T'abbaisser, t'esiouyr en sa sainte presence,
En rendre, & ressentir des graces l'action?
 Veux-tu bien consoler ton ame tourmentée,
Et secourir la Nef de l'Eglise agitée,
Inuoquer tous les SAINTS, & prier pour les Mors?
 Veux tu bien viure en-fin, & bien finir ta vie?
Voy ces ELANCEMENS, & ton ame rauie
Y trouuera par tout vn Monde de tresors.

NOBILIS, ET CLA-
RISSIMI VIRI D. IOANNIS

Hordal, I. V. D. & in alma Vniuersitate Pōtimussana
publici Iurium Professoris Carmen cōgratula-
torium Nobili & ornatissimo viro D.
Ramberuillerio I. V. D. &c. hu-
iusce libri authori, &
amico suo.

* *

*

Qvò traheris? quò te rapiunt incendia cœlo
   Missa, Dei vates, quò sacer ardor agit?
Æthereos spirant diuina poëmata motus,
   Cœlestísque ferit pectora sancta virgor:
O quantos referet passim toto orbe triumphos
   Ingenÿ fœtus? quæ pia bella canet?
Cum iuuenes lecto damnabunt carmine luxus
   Impuros, usti carminis igne noui?
Abijcientq́, manu Veneris, Bachiq́, poëtas
   Insulsos, librum gloria quanta manet?
I fœlix liber in vulgus, dominabere victor,
   Quum pulsus, quo non tetrior, hostis erit:
I celer, authorémque tuum, cui pignus amoris
   Largior immensi, docta per ora feras.

NOBILIS, ET PRÆSTAN-

tiſſimi viri, D. Claudij Gineti, Nanceiani, Philo-
ſophiæ, & Medicinæ Doctoris acutiſſimi.

OCTASTICHON.

In ſacras Chriſtiani Poëtæ Extaſes ad Authorem.

RElligione Numam priſci pia cuncta ſecutum
   Haud tacuere ſuis laudibus hymniſonis,
Plurima dum tenui documenta volumine pandis,
   Quæ valeant animas pura beare pias,
Relligione Numam ſuperas, qui pluribus adſis
   Præſidio, ſolum profuit ille ſibi:
Imò ſibi nocuit, fidei decreta profanæ
   Inſtituens, veræ non niſi ſacra doces.

Eiuſdem Doctoris Gineti.

Ad librum in lucem prodeuntem Tetraſtichon per Apoſtrophen.
ILiber, & propera Gallas feſtinus ad aures
   Dogmata quæ ſitiat mens pia, clarus habes:
Non cunctando places, MAIESTAS REGIA poſcit
   Te prodeſſe ſuis, I liber, & propera.

EIVSDEM GINETI.

In Zoilum.

ZOile, (namque tibi carpendi inſana cupido eſt)
   Carpere quod cupias non capit iſte liber:
Scommata qui caperet penetrans myſteria CHRISTI
   Ne tam altum ſapias, Zoile, ſi ſapias.

CLARISSIMO, PRÆSTANTISSI-
moque viro Alphonso Ramberuillerio, I.V. Doctori,
in Episcopatu Metensi Propræsidi dignissimo.

Janus Iacobus Boissardus.

Qvid tu Alphonse geras rogandus haud es,
Ipsa res loquitur, docetque clarè
Te nihil meditarier, mouere,
Aut versare animo, quod æquitatem
Non spectet, quod & ad tuitionem
Legum non faciat, siue è Curuli
Sella dicere ius & optimorum
Te causas agere iuuet Senatum
Præses Austrasiæ regis, cauésque
Ne boni violentia malorum
Opprimantur, humique sancta virtus
Conculcata gemat, nec adsit vllus
Rursum vindice quo illa subleuetur.

   Quod si pulso onere negotiorum
Taces à studijs forensibus, tunc
Alta mente petis polo receptus
Pius pandere cogitationes
Lætus ante Deum, entheo recessu
Cordi illabitur qui tuo benignus.

,,   O sælix anima illa, quam repurgat,
,, Sancti flaminis aura! cuique CHRISTVS
,, Est dux, & mediator & patronus,
,, Cui cordi est pietas, amórque recti:
,, Quæ suci inscia nil doli, atque fraudis
,, Imo pectore concipit, sed omnem
,, Vitam hanc exigit innocenter, éstque
,, Prompta de omnibus optimè mereri.
   Quid sælicius hac, beatiús-ue?

AV SIEVR ALPHONSE DE RAMBERVILLER, SVR les deuots Elancemens.

Denizot, pour auoir ioint la Muse au pinceau,
Merita double honneur de Peintre & de Poëte,
Bien-qu'à sa docte plume vn tel los ne compete,
Que pour l'auoir baigné au Pegasin ruisseau.
  Mais toy qui sainctement as mouillé dedans l'eau
De la Diuinité, qui iaillit sur la feste
Du celeste Parnasse, on te dira Prophete,
L'interprete de DIEV, qui vogue au saint vaisseau:
  Luy paissoit seulement par ses pourtrais la veüe,
Ton animé tableau eslance outre la nüe
L'esprit des regardans, & quoy que tu le passe
  En merite, il veincra, si tu n'as vn sonneur
De ton nom tel que luy, mais pour te faire honneur,
TES SAINS ELANCEMENS ont assez d'efficace.

Par le Sieur Iean du Halt Gentil-homme Messin.

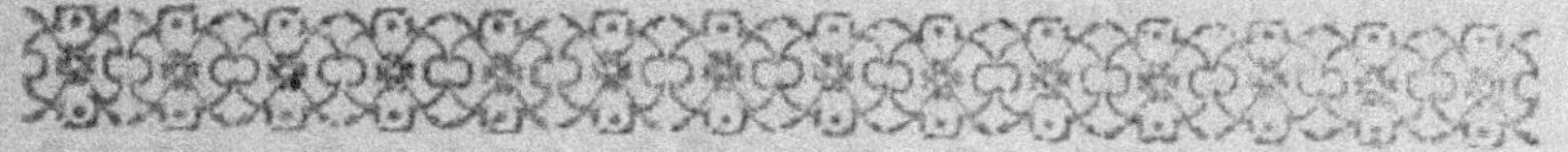

Au mesme.

LE Peintre, qui de prés imitant la nature,
Inuite les Oyseaus par son Tableau pipeur
A becqueter vn rien au lieu d'vn raisin meur,
Ou qui, (digne du prix d'vne docte imposture)

Fait croire estre vn rideau vne feinte figure
Bref qui peut finement de son crayon trompeur,
En bosse releuer, & se feindre sculpteur,
Approchant plus du vif que de morte peinture.

Tel est maistre parfait, celuy qui nous dechiffre
D'vn double Caractere, & d'vn crayon diuers
L'ame par ses pourtrais, & par ses doctes vers

Eslancée à son D I E V, comme en lettres de chiffre,
Merite plus d'honneur, car ce n'est pas grand cas
D'imiter ce qu'on voit, mais ce qu'on ne voit pas.

Par le mesme Sieur du Halt.

CLARISSIMI, ET ERVDITISSIMI, SI-
meonis Aubertini I.V.D. in Secretiori Episcopatus Metensi
Consilio Senatoris, & Cancellarij dignissimi.

Si virtute tua Socrates celebraris in orbe,
  Pindare, si ob sacrum clarus es eloquium,
A L P H O N S I *nunquid, qui vestrûm præstat vtrique*
  Eloquio & meritis gloria maior erit?

SONNET, ET ANAGRAMME SVR
les D E V O T S E L A N C E M E N S de
Monsieur de Ramberuiller.

A L P H O N S E   D E   R A M B E R V I L L E R.
L'E M B R A S E' P I N D A R' R E V O L E'.

S I *Pythagore est vray, qui de la morte cendre*
R'*animoit les mortels, & faisoit ressaillir*
L'ame en vn autre corps, pour deux fois enuieillir,
Et laissant le second vn troisiesme reprendre.

Sans plus grande raison se pourra bien comprendre
Que l'ame de Pindar' aura peu recueillir
Ses os puluerizés, & les desseuelir,
Pour derechef dans eux reuoler & descendre.

C'est pourquoy maintenant Pindar' reuoit le iour,
Et releué de terre au ciel prend sa brisée,
Par toy Pindar' Chrestien, qui dardant sa visée

En haut, ou les espris bien-heureux font seiour,
Y eslance le cœur du Chrestien consolé,
Donc L'EMBRASE' PINDAR' en toy est REVOLE'.

Par M. Didier Marsal, Bachelier en Theologie, Aduocat au Balliage de l'Euesché de Metz.

SONNET.

Mondain que penses-tu, apres deux cents d'années
　　Si tu te rends tousiours esclaue du peché,
　　Tu t'en vas heriter les Enfers, attaché
　　Aux roues d'Ixion tant de fois retournées,

Mais ore si tu veux fuïr ces destinées,
　　Et n'estre point la-bas obscurement caché
　　Lis ces deuots cayers, ou tu verra couché
　　Le moyen d'euiter ces funestes iournées.

Tu verras là dedans la voye & le chemin
　　Que ce Ramberuiller monstre aux deuots, afin
　　Qu'ils iouyssent vn iour de la diuine Essence,

Ses saints Elancements te feront elancer
　　Dans le pourpris des Cieux, & te feront forcer
　　La tournelle de Dieu, par vne penitence.

　　　　　　　F. Macé Templet Carme de Paris.

IN SACRA ALPHONSI RAM-
BERVILLERII POEMATA

Nobilis vir, Io. le Changeur, Legum
Licentiatus, & in Episcopatu Metensi
Causarum patronus, hæc Latina, Galli-
ca, Italica, & Hispanica carmina
Propræsidi suo congratu-
lans canebat.

SI quis Praxitelis celebre marmor,
Aut spirantia perspicacis æra
Lysippi stupet, aut laboriosi
Picturam, geniúmque, lineásque,
Mirari velit, & tueri Apellis:
Seu Zeuxis mage, seu velit Theonis,
Sæclo digna putans sagax perenni,
Hæc solos oculos sciat morari:
Ornent illa licet theatra Regum,
Thermas, atria, porticus, domósque:
Nonne vndis fluidis Iouis secundi
Sunt obnoxia, vindiciúe flammæ?
Aut Martis dubia alea ferocis

Victoris celeri patent rapinæ?
Sic est: hæc pereunt, caduntq́, tandem.
  At quæ sacra suo refert clienti,
Conceditq́, suis Thalia plectris,
Quæ virtus vigili labore præbet,
Quæ sudor studio refundit ingens,
Sicut præ reliquis sacer reportat
RAMBERVILLERIVS *Poëta noster:*
Hæc hæc perpetuum manent in æuum,
Hæc tutò pariunt decus perenne,
Nomen conciliant, grauemq́, famam:
Hæc non nauifragæ periculoso
Scyllæ destituunt freto patronum:
Non has sanguinei furor tyranni
Gazas abstulerit, minaxq́, Parthus;
Aut blandæ Veneris faber maritus:
Non has Persephones lacus vorabunt,
Inuoluéntue nigræ Stygis tenebræ.
  O faustis auibus Poëta nate,
Quem non postera conticescet ætas,
Omni cuius opus vigebit æuo:
Te quà Sol Oriens diem reportat,
Auroræ canet Hesperus rubenti:
Te quà Sol abiens diem recondit,
Alcidis canet Hesperus columnis.

IDEM.

*F*RAUDE *sua Dæmon lethalia bella mouebat,*
  Illecebris Mundus, blandityq́sq́, caro:
Pugnasti sacro fœliciter Ægide tectus,
  Unde tibi fuso gloria ab hoste manet.

Sed quid pro meritis referes in præmia? fiet
Vt clarum emittas fronte micante iubar,
Densasq; excutiens radijs fulgentibus vmbras,
Insertus cœlis lucidus Hesper eris.

IDEM.

DVm fidei nostræ per amœna rosaria oberras,
Mellaq; de vario dulcia flore legis,
Conficis arte fauum, qui vincat Hymettia mella,
Vincat & Eoi saccara grata soli:
Viuendi è Patrum deserpta volumine iura
Colligis ingenij dexteritate tui:
Ergo age, rumpe moras, tanto conamine, Vates,
Quosq; tibi placuit condere, cede fauos.
Sic gaudere suo poterit Lotharingia Hymetto,
Et sua melliferis æquiparare iugis:
Sic quoque saccareas prænobilis India cannas,
Et fœcunda suas Hybla silebit apes.

LE MESME.

DEsia dans noz pasquis les gentils pastoreaux
Au son du lerigot ont conduit leurs toreaux.
Ia sur nostre eschaffaux d'vn soc la Comedie,
D'vn Cothurne empoullé la fiére Tragœdie
A ioué son rollet: noz sonets amoureux
Ont l'oreille flattée aux Amans langoureux,
Le Luth à fredoné, la Guiterne, la Lyre:
Les Pans ont trespigné, le Môme, le Satyre:
Noz Myrthes, noz Lauriers, Oliuiers & Cyprés
Des Anciens la palme egalent de bien prés

Car tout ce que la Muse & Latine, & Gregeoise,
Ha de beau & parfaict, tu l'as Muse Françoise.
Mais depuis qu'vn Chrestien par ses deuots escrits
A par dessus les Cieux eslancé les esprits,
Grossis toy, tu auras sur les autres victoire,
On quitera Parnasse, & Phœbus, & sa gloire,
De ce feint Iupiter la fainte : & en son lieu
Sera seul inuoqué l'Eternel nom de D I E V.

IL MEDESIMO.

CHI vol' la mente d'vn si nobil cibo
Ch' ambrosia e nettar saturare,
Venga l' senso di quest' opra mirare;
Ch' io ne sent' ogni dolcezz' libo.

EL MISMO.

O Trabaio sancto, y osar diuino,
A qui en de Dios la man' offrecida,
Haru de su señor immortal la vida,
Y lo llamara pues al ciel azurino.

B 2

ANAGRAMMA.

ALPHONSVS RAMBERVILLERIVS.
PHARVS VERE' SALVTIS IN ORBE.

Huc, quisquis vesana ratem super æquora Mund[i]
    Iactans, in syrtes in scopulósque ruis.
Huc, quisquis rapidæ fallacia pocula Circes
    Horres, lethæ naufragiúmque Stygis
Huc, quisquis superi portus euadere ad oras
    Voluis, & ætereæ tecla videre domus.
Adsis; Alphonsi cerne extasin; ipsa SALVTIS
    Est etenim VERE' primus IN ORBE PHARV[S]

Cl. Breton. I. V. D. & in iudiciaria Epi[s]
copatus Metensis sede Aduocatus.

SONNET

A MONSIEVR ALPHONSE DE RAMBERVILLER SVR les deuots Eslancemens du Poëte Chrestien.

LEs souspirs eslancés que ton ame eschauffée
  Du celeste brasier, iette parmy les cieux,
  Voltigeans çà & la font vn vent gracieux,
  Qui soufle dans noz cœurs d'vne douce halenée,
Puis secoüant l'humeur qu'vne nüe empoulée
  Et grosse de son eau, reserroit dans noz yeux:
  Tu fais (deuot) couler vn fleuue larmoyeux,
  Pour nous baigner le sein d'vne tendre rosée,
O esprit bien-heureux par dessus les mortelz,
  Qui produicts les effects propres aux immortels,
  Faisans naistre les vents, & les pluyes menües:
Mais plus heureux cent fois d'attirer par tes vers
  Les esprits engourdis de ce lourd Vniuers,
  Par dessus tous les vents, les pluyes, & les nües.

Par Nicolas Romain Docteur és Droicts,
Conseiller, & Secretaire de Monseigneur de
Vaudemont.

B 3

L'AVTHEVR AVX
LECTEVRS.

IETTANS voz yeux sur mon ouurage, iettez-y quelque trait d'attention, pour respondre à mon intétion: CES ELANCEMENS estoient conçeus particulierement pour moy, mais le conseil de mes Amys les à fait esclore publiquement pour tous: le ressort des pieuses cōsiderations bandé par l'aduis de ceux qui me commãdent, m'ont donné mouuement de les presenter au Roy Tres-Chrestien. Le Soleil de sō fauorable accueil (car il à daigné tesmoigner son contentemēt par lettres, parolles, & effect) dissipant les brouillars de la crainte, à tellement eschauffé mō ame, qu'il y à faict germer l'esperance de voir mon trauail agreablemēt re-

ceu de vous : le benin aspect des Princes &
Princesses Austrasiques , vrays Astres do-
minans à mon Vranie , m'a contraint comme par vne influence ineuitable faire esclai-
rer ceste edition seconde pour faire cesser
l'obscurité que pouuoit apporter l'Eclipse
de l'Incorrection de la premiere : & bien-
que la longueur des Ouuriers , la despâse de
la taille , & la cherté des Imprimeurs ayent
côme bourasques impetueuses , retardé le
cours de mon dessein , neanmoins le vent
de mon desir zelé à vostre bien, luy à si-fort
donné en pouppe, qu'en-fin il s'en va surgir
& prendre port, pour vous faire-part de ses
denrées : Les voicy donc estallées deuant
vous, mais vous n'y toucherez point, que
ne m'ayez donné, ce que vous ne me pouuez denier , la monnoye qui achetera ce liure, est vostre vtilité : & me sera vn grand
bien d'y voir enseuely vostre mal, aussi n'en
pouuez-vous auoir appetit, si vous auez le
goust corrompu d'autre viande. Puis-que la
matiere est sacrée, reiettez l'escriture profane, & pensés que le contraire ne peut accô-
pagner son côtaire. Les Fables Payennes de
long-temps prescrites cedent en ce siecle à

la verité Chrestiéne , l'Idolatrie des Dames
au seruice de D i e v , & la corruption des
mœurs à la deuotion: Croyez que l'Entousiasme d'vn vers pieux est d'autant-plus rauissant que la matiere sacrée excelle la profane , & qu'aurez plus d'honneur & de plaisir d'imiter vn Dauid, vous esleuãt aux choses celestes, qu'vn Heliogabale , vo° abbais-
sant aux terrestres , c'est ce que ie demande
de vous , car ie tache vous arracher les escris
d'impudicité , pour vo° attacher à la lecture
de la Pieté: Toutesfois me sentãt iuge capable de mon incapacité, ie plains qu'vn si digne subiet n'est dignemẽt traité, & que parmy la delicatesse de la matiere, vo° y remar-
querez quelque rudesse ressentant sa iudicature , mais si cela me tourne à reprehen-
sion, ie m'en seruiray aussi d'excuse, car puis-
que ces Poëmes ne sont que le tẽps derobé
de ma profession ordinaire , ie croy qu'en
reietterez les deffaus sur mes distractions,
prenans ce larcin de tẽps non comme
ouurage elabouré, mais pour re-
lasche d'esprit, & tesmoignage de mes loisirs.

Ou le Penitent deplore ſō peche, en deteſte la reiteration, ſe dyſpoſe à la Confeſſion, ſeiouit abſout, et ſe reſout à la ſatisſactiō.

LES DEVOTS ELAN-CEMENS DV POETE CHRESTIEN.

**
*

PARTIE PREMIERE
CONTENANTE

1.

La desplaisance du Pecheur contrit.

2.

Les regretz du Penitent pour le
peché reiteré.

3.

La disposition du Penitent à la Confession Sacramentale.

4.

L'esiouyssance du Penitent Confessé,
& absoult.

5.

La resolution du Penitent à la
Satisfaction.

LA DEPLAISANCE
Du Pecheur contrit.
Recogitabo tibi omnes annos meos in amaritudine animæ meæ Es. 38.   I. de Weert
f.

IIII

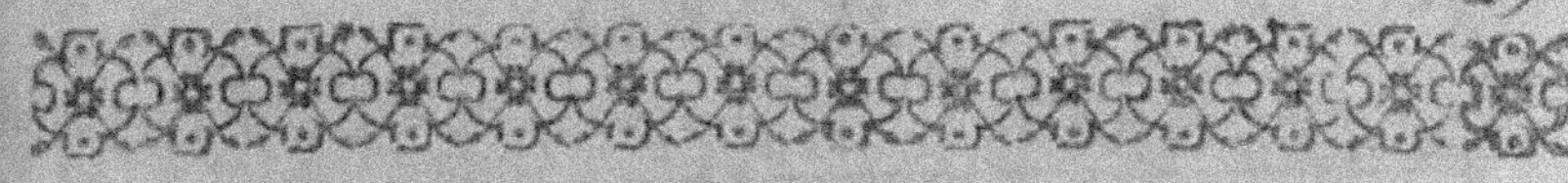

LA DESPLAISANCE DV
PECHEVR CONTRIT.

I.

LAS! comment osera ce pecheur miserable
Leuer son chef honteux vers le ciel irrité,
Doit-il importuner l'immense Maiesté
Du Monarque Eternel par sa voix execrable?

2.

Faut-il à la vertu presenter la malice,
La fange à l'or sans-prix, la nuict à la splendeur,
L'extreme vilité à l'extreme grandeur,
Le rebelle à son Roy, le crime à la Iustice?

3.

Helas! il le faut-bien, car ie sens ma pauure áme
Tellement enfoncée au bourbier de peché,
Que si quelque secours n'est par moy recherché,
Ia-des-ia elle glisse en l'Infernalle fláme!

4.

Mais de qui me faut-il ce doux secours attendre,
Sinon de toy, SAVVEVR? qui pour nous exempter
De la mort, à la mort t'és voulu presenter,
Et pour sauuer la chair, la chair humaine prendre?

5.

Pren donc pitié de moy, & verse de ta grace
Quelque mielleux rayon sur mon infirmité,
Fay reluire sur moy le feu de ta bonté,
Qui espure mes sens, & mes pechez efface.

6.

Pechez helas trop lourds! & dont la souuenance
Me fait trembler d'horreur, & me blanchit d'effroy,
Car ie meurs de regret, & me sens hors de moy
Par leur énormité, leur nombre, & leur frequence.

7.

Veu-qu'outre que de moy ie ne suis rien qu'ordure,
Ie ne suis que de terre vn fragile vaisseau,
Que poudre, fange, & vent, qu'vn foible vermisseau
Conceu, né, & nourry en la macule impure,

8.

Aussi de mes forfaits le nombre est si estrange,
Qu'a leur infinité on ne doit égaler
Les Estoilles du Ciel, les Atomes de l'air,
Les sablons Lybiens, ny les goutes du Gauge.

9.

C'est pourquoy ie me sens si griéuement coupable,
Qu'il me semble le Ciel son feu sur moy lancer,
Et la terre soubs moy, beante, s'abaisser,
Pour esteindre vn pecheur tant & tant detestable.

10.

Moy chetif! hé pourquoy par offence brutale
Ay-ie osé quitter DIEV, pour Sathan honorer?
Ne sçay-ie pas que DIEV tasche à me bien-heurer,
Et l'autre me ietter en la genne Infernale?

11.

I'ay toutesfois esté tant & tant fanatique,
Que laissant mon SAVVEVR, i'ay suiuy mõ bourrea
Quittant mon prix-d'hõneur, i'ay recherché mõ flea
Et pour ma liberté i'ay pris le ioug inique:

12.

O terre porte-fruis, & toy Ciel admirable,
Pleurez, noircis de dueil, mon infelicité,
Car il n'est, ne sera, & n'a iamais esté
Creature icy bas plus que moy miserable.

13.

Que ne coulez-vous donc, ô larmes ennuyeuses,
De mes yeux espleurez, & d'vn large ruisseau
Ne lauez-vous ma face? à fin que par ceste eau
Ie puisse nettoyer mes taches vicieuses?

14.

Hâ ou est le Cilice, ou est la triste cendre,
Pour en dompter l'effort de ma rebelle chair,
C'à la haire, & le sac, i'en veux mon corps toucher,
Pour l'asseruir à l'ame, & esclaue le rendre.

15.

Mais, ô Pere benin, pour cest œuure parfaire,
Verse vn peu d'huile doux de ta benignité
Sur l'vlcere puant de mon iniquité,
Et manie mon mal de ta main salutaire:

16.

Laue, & relaue encor par l'eau de ta clemence
La bourbeuse noirceur de mes sâles pechez,
Et fay, qu'estans du-tout de mon cœur arrachez,
On puisse voir en moy la blancheur d'innocence:

17.

Voy combien ma nature est encline à mal-faire,
Voy que le germe infect, dont mon corps est conceu,
Dans le sale amarry de ma mere, à receu
Le peché primitif, pour seau hereditaire.

18.

Voy que ie suis basty d'vne terrestre masse,
Qui consiste en sang, os, veines, peau, nerfs, & chair,
Qui sont tous instrumens pour m'induire à pecher,
A ceder aux Demons, & à perdre ta grace.

19.

Voy de mes ennemis la superbe puissance,
Qui se ruent sur moy d'vn courage indomté,
Voy l'impuissant estat de mon infirmité,
Qui contre eux ne peut-pas fournir de resistance.

20.

Si donc suiuant mon estre, & le mords de la pomme
I'ay contre toy failly comme vn homme impuissant,
Par pitié fay vers moy côme vn DIEV tout-puissant,
Las! fay, Tout-puissãt DIEV, grace à l'impuissãt hôme.

21.

Ie ne demande rien, ô SEIGNEVR debonnaire,
Qui ne soit coustumier à ta diuinité,
Car tu es pitoyable, & à ta Majesté
Le pardon indulgent est propre, & ordinaire:

22.

Mesme, pour ce pardon sur nous tant plus estẽdre,
En terre il ta pleu naistre, & sentir noz langueurs,
Il t'a pleu en-souffrant mille & mille rigueurs,
Sur la penible Croix ton diuin sang espandre:

23.

Par ceste croix, SAVVEVR, & ce sang, ie t'adiure
(Croix & sang les vrais seaux de ma redemption)
D'ores lascher la bonde à ta compassion,
Et de prendre à mercy ta pauure Creature:

24.

Et quoy?ce beau cler-sang, dont l'effect salutaire
D'vne goutte pouuoit mille Mondes sauuer,
Ne voudra-il pour moy son effect reseruer,
Et vers moy sera-il sans son fruict ordinaire?

25.

Helas!non,car celuy,qui conduict par ta grace
Va cherchant de ton sang la saincte ablution.
S'en ressent à l'instant de l'operation,
Veu qu'vn si grand tresor sans grand fruict ne se passe.

26.

Et combien-que tu sois en tout tout-admirable,
Il n'y a toutesfois rien en ta Deité,
Plus admirable,& grand que ta benignité,
Car c'est chose qui est en tout incomparable.

27.

C'est la belle liqueur,c'est ceste quint'essence,
Qui surnage tousiours toutes autres liqueurs,
Le subiet non subiet au concept de noz cœurs,
L'imperceptible point à l'humaine science:

28.

Ne reiette donc point ma clameur en arriere,
O SAVVEVR, pour raison de mon iniquité,
Car tant-plus excessiue est mon indignité,
Tant-plus à ta douceur ie donne de matiere.

29.

Si ma vie n'estoit aux crimes deuoyée,
Quels effects donneroient tes extremes douceurs,
Si les hommes viuoient innocens en leurs meurs,
En quoy seroit pour eux ta clemence employée?

30.

Tu peux bõ DIEV, tu peux, tu peux trop-plᵘ remettre,
Par l'immense grandeur de ta benignité,
De forfais aux humains, que leur malignité
N'en pourroit contre toy en leur âge comettre:

31.

Nous apprenons aussi en ta diuine escôle,
Que iamais les pecheurs tu ne vas reiettant,
Helas ie suis contrit, & vrayement repentant,
Fay que ie sente donc l'effect de ta parole:

32.

Quand l'hõme d'vn cœur pur gemit pour son offence
Le Ciel s'esmeut de ioye, & moy chetif pecheur,
Par ma conuersion n'auray-ie ce bon-heur
De faire entrer le Ciel en ceste esiouyssance?

33.

Aux lubriques plaisirs la Dame desbauchée,
Qui troubla la Cité par vn scandal ouuert,
Prosternée à tes pieds vit son peché couuert,
Aussi tost qu'elle fut du repentir touchée.

34.

Ce pauure Criminel, qui pour son brigandage
Languissoit auec toy sur la Croix attaché,
T'ayant de quelques mots sur la fin recherché,
Ouyt de son salut l'asseuré tesmoignage.

35.

Et moy, qui ta pitié à haute voix reclame,
Pallissant de langueur, & de l'armes noyé,
Seray-ie de ta face asprement renuoyé,
Sans obtenir de toy le remede à mon ame?

36.

Tu tends tousiours les bras, tousiours tu nous inuites
A changer nostre vie, & noz meurs amander,
I'ose donc le pardon maintenant demander
Conuié par ta voix, & non par mes merites.

37.

Et puis-que ta faueur tousiours-tousiours embrasse
Le pecheur, qui se veut sainctement conuertir,
Fay moy, en m'embrassant, ô Pere doux, sentir
Les admirables fruicts de ta celeste grace.

38.

Soit donc mon action du tout mortifiée,
Soient les desirs mondains tous en moy rabbatus,
Soient mes sens mort au vice, & viuans aux vertus,
Et languisse ma chair en toy crucifiée.

39.

Regle ô bon DIEV, conduy, illumine & reforme
Mon esprit, & mon corps, ma pensée, & mes yeux,
Afin qu'en fin tu sois, tant en terre qu'aux Cieux,
Ma regle, mon chemin, ma lumiere, & ma forme.

40.

D'vn extreme fay moy passer à l'autre extreme,
Fay moy mourir au monde, & renaistre pour toy,
Languir aux voluptez, & reuiure en la foy,
Et pour m'enter en toy, trenche moy de moy-mesme.

41.

Fay que rien ne me soit plaisant, qui te deplaise,
Que mon cœur ne soit cœur que pour penser à toy,
Que mes sens ne soient sens que pour sentir ta loy,
Et tout mal-ayse soit, en te plaisant, mon aise.

42.

Aussi par tous effors resolu de bien viure,
Ie renonce à Satan, ie renonce à mes meurs,
Au monde ie renonce, & à tous ces honneurs,
Et ie renonce à tout, pour seulement te suiure:

43.

Te suiuant i'auray tout, i'entens tout bien extreme,
Car tu es le tresor, & la felicité,
Le bon-heur, le plaisir, la vraye volupté.
Et tous biens sont en toy, comme estant le bien mesme.

44.

Ainsi portant ton ioug en ce val-de-misere,
Ton sainct nom sans cesser ma langue benira
Iusques à mon trespas, auquel il te plaira
M'estre non Iuge rude, ains pitoyable Pere.

LES REGRETS
du Penitent pour le peché reiteré.
Non sum dignus aspicere altitudinem cœli præ
multitudine iniquitatum mearum. 2 Paralip. vlt.
Thomas de Leu fecit.

LES REGRETS DV PENI-
TENT POVR LE PE-
ché reiteré.

1.

E blesme Pelerin, qui se sent terrassé
Par l'effroyable coup du Tonnerre élancé,
Sans trespasser trespasse, & vinät est sans vie,
Car l'extreme roideur de la concussion
De tous ses sens vitaux esteint la function,
Bien qu'encor de son corps l'ame ne soit rauie.

2.

Ainsi las! me voyant mortellement touché
Par le foudre infernal d'vn renaissant peché,
Viuant ie pers la vie, & la douleur extreme
Priue mes os, ma face, & mes mains, & mon cœur,
De force, de couleur, mouuement, & vigueur,
Car ie sens vne mort pire que la Mort mesme.

3.

Aussi ie ne tien rien d'vn animal viuant,
Tout ce qu'en moy se voit est mort, sale, & puant,
Ou s'il n'est du-tout mort, il repugne à Nature,
Car ma langue, mon œil, narine, oreille, chair,
Ne veut rien gouster, veoir, flairer, ouyr, toucher,
Que fiel, nuit, puanteur, qu'effroy, & pourriture.

4.

De la vient que ie suis porté soudainement
D'vn indicible bien en vn affreux tourment,
Mon desastre de-soy n'est seulement extreme,
Mais il contient tout mal, tout tourmēt, tout malheur,
Et tout ce qu'on peut veoir au monde de douleur,
Enfin ie ne suis rien que la misere mesme:

5.

Qui pourra dōc fournir, pour plaindre ma lāgueur,
A mes yeux, à ma langue, & à mon triste cœur,
De larmes, plaintes, dueil, par esgalle mesure?
Non: tant de pleurs coulans, de dueil, & de sanglotz
De mes yeux, langue & cœur, ne peuuent estre esclos
Pour, ainsi que ie dois, plorer ma forfaicture:

6.

Car las! i'ay remangé plus-que brutalement
Les loing-filans morceaux de mon vomissement,
I'ay las! me degradant de l'humaine nature,
Retourné au corps-mort, & plus-qu'auparauant,
I'ay reueautre mon corps dans le bourbier puant,
Sēblable au Chien, au Loup, & au Porc aim'-ordure.

7.

Mais le Chien, & le Porc, & le Loup carnassier
Retournant au morceau, au corps-mort, au bourbier:
Pour suiure sa nature, est de-soy excusable,
Moy retombant au mal, i'ay osé violer
Dieu, Nature, & la Loy: on doit donc m'appeller
Plus que le Loup, le Porc, & le Chien detestable:

8.

Et de-vray ie me sens pire cent-mille-fois
Que les bestes des champs, de la mer, & des bois,
Car l'appetit brutal aueuglement les guide,
Mais le Ciel fauorable aux hommes à donné,
La grace, & la raison, moy, i'ay abandonné
La clarté de la grace, & de raison la bride:

9.

C'est pourquoy vn seul traict de mes hydeux regardz
Pourroit faire terreur aux Dragons plus-hagardz,
Et aux Monstres plus fiers de l'Africque funeste,
Car mon crime infectant & la terre, & les Cieux,
Au monde m'a rendu tellement odieux,
Que toute creature à-bon-droict me deteste.

10.

Ou faut il donc helas ! ma colere elancer,
Sinon sur le motif qui m'a faict offenser
La Maiesté Diuine ? ha c'est toy, Ame impure,
C'est toy, ô mon Esprit, qui, lasche, as consenty
Au peché repeté, & qui as dementy
Ta diuine origine, & ta noble nature:

11.

Puis-que de ce grand Tout l'ineffable facteur,
Te creant, t'a marqué de son grand seau d'honneur,
T'ayant fait immortel, haut, puissant, clair, & braue,
Pour sur l'infirme chair ta puissance exercer,
Las ! pourquoy te veux tu tant & tant abbaisser,
Que par peché te rendre esclaue à ton esclaue ?

12.

Ne sçais-tu pas que DIEV t'a voulu decorer
De tant d'insignes dons, pour de ces dons tirer
Un deuoir tref-exact, à son diuin seruice?
Et que d'autant plus grande est ta perfection,
(Te soüillant du bourbier d'vne impure action)
D'autant plus-grief sera le fleau de ton supplice?

13.

Voy du-moins, fol esprit, voy de ta cecité
L'abisme merueilleux, tu es plain de clarté,
Et tu cherches l'horreur de la nuit plus profonde,
Tu es clairement-beau, & de toute laideur
Tu te vas deformant, tu es plain de grandeur,
Et le peché t'a faict la vilité du monde:

14.

Si l'as! l'amour de DIEV, ta gloire, & ton deuoir,
Ne te peuuent du-tout, ô mon Ame esmouuoir,
A reprendre ton estre, & r'entrer en toy-mesme,
Fay-ferme à ta folie, & iette au-moins tes yeux
Sur l'horrible tourment de l'Enfer odieux,
Qui est de tous tourments la quint'-essence extreme.

15.

Pense, pense que l'œil, langue, oreille, ny cœur,
Ne peut voir, dire, ouyr, ny penser la rigueur,
Les pleurs, l'horreur, les fleaux, que de DIEV la Iustice
A pour le chastiement de ton crime appresté,
Si donc l'espoir du Ciel n'a ton vice arresté,
Laisse ton vice, au-moins pour crainte du supplice.

16.

Et toy, fœtide chair, mere infecte des vers,
Seiour de pourriture, honte de l'vniuers,
Domaine de la mort, horreur de la Nature,
Dy moy, ô corps puant, hé dy moy, oses-tu,
Par tes sales appas combatre la vertu,
Pour mon ame soüiller de ta gluante ordure?

17.

,,   *Pestilente charongne, hé ne cognois-tu pas,*
,,   *Qu'en ce tout que le Ciel encerne de ses bras,*
,,   *Rien n'est plus vil que toy, plus-foible, moin-durable,*
,,   *Plus sale, & plus abiect, car si la verité*
,,   *Veut descouurir le fond de ton infirmité,*
,,   *Son estre de tout estre est le plus miserable.*

18.

,,   *Ton germe est le peché, ta naissance tourment,*
,,   *Ta vie vne misere, & tes honneurs vn vent,*
,,   *Et soudain se flestrit, comme la fleur, ton age,*
,,   *Non, tu n'es vne fleur, ains vn monceau vilain,*
,,   *Plus-fragile, puant, plus-leger, & plus-vain*
,,   *Que verre, que charogne, atomes, & qu'ombrage.*

19.

Estãt dõc moĩs-que rien, moins-que poudre, & q̃ vẽt,
Hé pourquoy dresses-tu ton pouuoir deceuant
Contre l'Ame, qui t'est pour maistresse donnée?
Ne sçais-tu pas qu'il faut, ô infecte prison,
Humble, ployer le col sous le ioug de raison,
Puis qu'à seruir tu es seulement destinée?

20.

Ne te suffit-il pas, ô charongneux morceau,
De mourir vne fois, & pourrir au tombeau,
Tant glaireux & puant, que le penser m'en pasme,
Sans ma mort redoubler, & de l'extremité
De tous mal'heurs combler mon infelicité,
Et te faisant mourir, faire mourir mon ame?

21.

Mais, vsant enuers toy de ces doux arguments,
On te fait trop d'honneur, la haire, & les tourments
Doiuent or' arrester le cours de ton audace,
Le foüet, Asne maudit, & la peine sera
Le frein de tes desirs, & en fin te fera
Au lieu d'vn corps refait, vne palle carcasse.

22.

Ie n'attends plus grand bien ny plus soüef plaisir,
Que quand tout mal extreme, & fielleux desplaisir
Foudroyera sur toy, & suffoquant la flame
De tes sales ardeurs, te rendra souple, & coy,
,, Car il est trop meilleur faire perte de toy,
,, Que ne te perdant point, helas! perdre mon ame.

23.

Cependant le peché m'afflige tellement
Que ma vie n'est rien qu'vn infernal tourment,
Car ie n'oy, ie ne voy, ie ne sens, & ne pense
Rien, par l'oreille, l'œil, par ma chair, & mon cœur,
Que l'effroy, les braziers, la pointe, la langueur,
Du iugement, d'Enfer, de la mort, de l'offence.

24.

Mais en l'abisme obscur de ce mien desespoir,
Dans les horribles flots de cest orage noir,
Qui gardera ma nef du deuorant naufrage?
Ha c'est toy, ô mon D I E V, qui sur l'obscurité
De mon dueil, fais saillir le ray de ta clarté,
Ray, qui promet la fin à ce bruyant orage.

25.

Aussi ie crie à toy, à toy seul i'ay recours,
D'vne l'armeuse voix i'implore ton secours,
Courbé, ie me prosterne aux pieds de ta clemence,
Fontaine de pitié, prend donc pitié de moy,
Et de moy oublieux, mais souuenant de toy,
Deliure mon esprit des nœuds de mon offence:

26.

Si le pas trop-glissant de mon infirmité
M'a fait tomber au lacs d'vn peché repeté,
De ta pitié pourtant ay-ie esteintes les flámes?
Si d'vn mesme forfait la repetition
Arrestoit le sainct cours de ta Remission,
Ou faudroit il chercher le remede à noz ames?

27.

Dans tes cayers diuins n'oyons nous pas ta voix,
Qui promet qu'en tout têps, toute heure & chasque fois
Que le pecheur contrit gemira son offence.
Il se verra de toy aussi tost embrassé?
Seray-ie donc helas! de tes bras repoulsé,
Si, percé de douleurs, i'implore ta clemence?

28.

Et quoy? l'homme qui est l'œuure de ta bonté,
L'homme par la rançou de ton sang racheté,
Demeureroit ainsi perdu par son offence?
Non, de ta dure mort le gage precieux
Enuers l'homme pecheur ne peut estre otieux,
Ains sur noz crimes doit triompher ta Clemence?

29.

Ta clemence n'a point son pouuoir l'imité,
Ta pitié est sans fin, sans borne est ta bonté,
Et ta misericorde est du tout infinie,
Mon peché est bien grand, mais son orde grandeur,
De ta grace espuiser ne peut la profondeur,
Car d'icelle iamais la source n'est tarie.

30.

L'Apostre porte-Clef, qui d'vne brusque ardeur
Promettoit de te suiure, esbranlé par la peur
Trois fois te renia, & neantmoins ta grace
A son premier regret le receut à mercy:
Puis qu'ainsi i'ay peché, ô Pere doux, ainsi
Reçoy ma penitence, & mon forfait efface.

31.

Ie sçay que maints esprits iouïssent dans les Cieux,
Du repos Eternel, dont les corps vicieux
Retomberent iadis ça-bas en mesme offense,
Si i'ay doncques comme eux au peché consenty,
Donne moy, ô grand D i e v, que comme eux conuerty
Le mesme prix i'obtienne, & la mesme Indulgence:

32.

Hé! quel fruit sortiroit de ton Nom precieux,
(Non l'effroy de l'Enfer, & l'ornement des Cieux.)
Si ie n'obtien pardon? Car qui I E S V S prononce,
Le S A V V E V R il pronõce. ô S A V V E V R, dõc treshaut,
Vien à moy sauue moy, d'ame & de corps, il faut
Que ie sente l'effect que ton sainct Nom m'anonce.

33.

De moy, ferme ie suis, en ce point arresté,
De n'offenser iamais ta saincte Maiesté,
I'ay du crime puant, vne horreur trop profonde,
Car en fin i'ay resout de vaincre, oster, trancher,
L'appas, l'effort, l'attrait, de la molasse chair,
De l'ensouffré Satan, & du damnable Monde.

34.

Mais las! ne sçay-tu pas que ma fragilité
En cela ne peut rien, si ta Diuinité
Ne luy preste secours, & ne luy donne escorte?
Mon corps basty de chair, & de terre emboué,
Est prisonnier en terre, & à la chair cloué,
Si l'aisle de ta grace aux vertus ne le porte:

35.

De ta force arme moy, dõc, ô doux R E D E M P T E V R,
Sois mon bouclier, ma garde, & mon bastion seur,
Roidy mes foibles nerfs, & mes flames r'enflame,
Reduy mes ennemis aux haletans abbois,
Haste mes pas tardifs, tant que tousiours tu sois
Vertu de ma vertu, & l'ame de mon ame.

36.

Armé de ce secours, hardy, ie donneray
Au Diable, Monde, & Chair cent deffis, & seray
Par ton aide encerné du Laurier de Victoire,
Aucun penser n'auray que pour penser à toy,
Mes faits ne seront faits que pour faire ta Loy,
Et ma voix ne sera que le chant de ta Gloire.

LA DISPOSITION.
Du Penitent à la confession Sacramentale.
I. de Weert f.
Ante mortem confitere, à mortuo enim,
velut ab ipso qui non est, perit confessio
Eccli. 48

VI

LA DISPOSITION DV PENI-
tent à la Confession Sacramentale.

1.

Acré surjon de vie, heureux siege de grace,
Vray seiour de vray bien, DIEV tout-bon, qui te plais
Soubs l'aisle du pardon receuoir les mauuais,
Lors que de leurs pechez ils quittent l'orde masse.

2.

Ie beny ton sainct Nom, puis-qu'il ta pleu de rendre
A ta douce mercy mon cœur ia preparé,
Et afin-qu'a ce but ie ne marche egaré,
Vueille guider mes pas, & le chemin m'apprendre.

3.

Mais pour suiure le trac de ce bon-heur extreme,
Ie ne dois, & ne veux prendre autre conducteur
Que ton sainct Euangile, & ne veux autre autheur,
Pour me faire leçon en cela que toy-mesme:

4.

Car il ta pleu, ô Pere, elargir la puissance
A tes Apostres sains, & à leurs successeurs
De remettre aux humains le crime de leur meurs,
Et retenir aussi aux obstinez l'offence,

5.

Ainsi aux Prestres saincts de nostre Eglise-Mere,
Est donnée par toy la plaine authorité
De cognoistre des maux de nostre infirmité,
Afin d'y appliquer l'emplastre, ou le Cautere.

6.

Puis donc que par ta loy sur nostre conscience
Ils exercent, puissants, leur Iurisdiction,
Il nous faut deuant eux faire Confession
De noz maux, pour sentir l'effect de l'indulgence:

7.

Car comment pourroient-ils à nostre ame blessée
Par leur doux cataplame apporter guerison,
Si la blessure n'est en commode saison
Enduite de leur huile, & de leurs mains pensée?

8.

Celuy qui va, soigneux, implorer la Iustice,
Ne peut iamais de droict obtenir iugement,
Que premier son procez instruit entierement
Du Iuge, ne paruienne à l'exacte notice:

9.

Le langoureux, qui sent d'vne peste relante
Son foible corps touché, se peut-il veoir guery,
S'il ne demonstre à nu l'endroit le plus pourry,
Au sage Medecin, de sa playe coulante?

10.

Et pouuons-nous donner allegeance à noz ames
Par le remede sainct de l'absolution,
Si nous ne descouurons par la Confession
Les secrets plus restrains de noz crimes infames?

11.

Vrayement cest vne regle à Nature ordinaire,
Qu'vn salubre antidote estouffe le poison,
Car il ny a rien plus conuenable à raison,
Que le contraire soit purgé par son contraire:

12.

Si las! par le discours de mes parolles folles,
I'ay si souuent osé mon SAVVEVR irriter,
Pourquoy ne tascheray-ie ores de contenter
Sa saincte Maiesté, par contraires paroles?

13.

Aux blasphemes, aux ris, à l'oisiue harangue,
Bouche, propos, & langue ay voulu desbaucher,
Par ma bouche, or' il faut ma bouche reboucher,
Mes propos par propos, ma langue par ma langue.

14.

Hà! que vostre ceruelle est de sens despourneüe,
Vous, qui ostez le ioug de la Confession,
Vous monstrez, indiscrets, vostre obstination,
Puis-que vous impugnez la verité cogneüe:

15.

DIEV, luy mesme à prescrit ce moyen secourable,
Les Apostres feruens entr' eux l'ont maintenu,
Des Peres les escrits l'ont tousiours soustenu,
Et l'Eglise en fait foy par preuue indebatable:

16.

Ce moyen, est le frein dont la langue est punie,
C'est le ioug qui retient nostre chef abbaissé,
C'est l'ennuyeux sentier d'espines herissé,
Que nos ames conduit à la gloire infinie:

17.

Suiure donc il me faut ce sentier plein d'espines,
Non, d'espines helas! mais-bien de douces fleurs,
Car c'est ce doux chemin esmaillé de couleurs,
Qui guide nos esprits aux delices diuines.

18.

Mais pour, sage, tenir ce chemin salutaire,
Fend-toy, mon cœur, fend toy. rend tes costez ouuerts,
Descouure iusqu'au fond les secrets plus couuerts
De tout ce qu'as voulu penser, parler, & faire.

19.

Il te faut maintenant de toutes tes offences
Le centre penetrer, il faut sans rien cacher,
D'vn soing par-tout exact tes deffaus rechercher,
Particularisant toutes les circonstances.

20.

Il faut en ce discours, qu'vn euident langage
Declare ouuertement ton imperfection,
Il faut fermer la bouche à toute fiction,
Et parler d'vn parler exempt de tout ombrage:

21.

Ha! comment pourra donc ma foible souuenance
Recoler pour vn coup tant de pechez diuers,
Plustost ie nombreray les fueilles des bois vers,
Et tout les feus du Ciel, que mon ingrate offence,

22.

Faisant le long discours des deffaux de ma vie,
Comment pourra ma langue au trauail subsister,
,, Car l'ordre Naturel ne permet reciter
,, Par organe finy, vne chose infinie.

23.

Mais ce que l'on estime au pecheur impossible,
Pour l'impuissant pouuoir de son infirmité,
Pour estre dit & faict, quand l'homme est assisté
Par le puissant secours du Monarque impassible:

24.

Fay donc tout mon forfait, ô SEIGNEVR, apparoiſtre
Clair & nu deuant moy, illumine mes yeux,
Pour remarquer de pres tous mes fais vicieux,
Car pour les bien-narrer, il les faut bien-cognoiſtre:

25.

De là les retenant au clos de ma memoire,
Rend mon langage clair, pour le bien diſcuter,
Tant qu'Orateur diſert, ie puiſſe rapporter,
Pour fruit de mon diſcours, mon ſalut, & ta gloire.

26.

Helas! aſſez ie ſçay qu'vne mondaine honte
Taſche à lier ma langue, & ma bouche boucher,
Ie ſçay que mes propos peux-ie à peine arracher,
Tant ie ſens que mes ſens la vergongne ſurmonte:

27.

Mais, Pere ſouuerain, donne à mes ſens la force,
Pour au premier abord la honte renuerſer,
Fay-que ſi bien mon cœur ie puiſſe renforcer,
Qu'il domte ceſt aſſaut, que ceſte force il force.

28.

Hé pourquoy ceſte honte inſenſée, & damnable
Pourroit de mon ſalut le deſſein empeſcher,
Puis-que, voulant ma vie aux vices deſbaucher,
Pour bride ie n'ay prins la vergongne loüable?

29.

Ne ſçay-ie pas helas! que quand l'homme declare
Au Preſtre ſes pechez en ce terreſtre lieu,
Il ne parle à vn homme, ains confere auec DIEV,
» Car lors l'hŏme n'eſt hŏme, ains de DIEV le vicaire.

30.

Et ce que lors est dit, ne tombe en cognoissance
Du Prestre-hõme cõme hõme, ains de DIEV immortel,
Il est sceu de DIEV seul, & non d'aucun mortel,
Et comme non cogneu est couuert du silence:

31.

Les mots que par son seau la Confession cele,
Sont tellement couuers dans le Ciel' & ça-bas,
Que l'homme les sçachant, d'effect ne les sçait pas,
Et dict ce qu'il ne sçait en cas qu'il le reuele:

32.

Fay moy donc vergongneux, ô Monarque ineffable,
Pour d'vn cœur humble, & franc declairer mon peché,
Et non pour sciemment le retenir caché,
Ma vergõgne rẽdant saincte, & non-dommageable.

33.

Romp les neuds de ma langue, afin que ie m'accuse
Sans mes propres deffaux sur autruy reietter,
Fay moy de mes forfaits le nombre reciter
Sans palliation, sans art, & sans excuse.

34.

Et comme quand Phœbus raye à plomb sur la nüe,
Il engendre souuent le brillonnant esclair,
Le tonnerre, & le vent, puis fait en bas couler
Par gouttes le nuage, & en pluye le müe.

35.

Ainsi puis-que l'on voit ta grace sur moy luire,
De gemissans souspirs fay mon cœur bourdonner,
De plaintiues douleurs mes entrailles tonner,
Ma gorge de sanglots, & de cris ma voix bruire:

36.

Et puis laschant la bonde à ma source l'armeuse,
Fay couler de mon cœur vn nuage de pleurs,
Tellement que l'amas de larmes, & douleurs
A ma confession serue d'escorte heureuse:

37.

Renforçe mon esprit, & le rend subceptible
Du penitent fardeau, auquel le Confesseur
Par son prudent aduis, fera ployer mon cœur,
Me rendant ceste charge & plaisante & possible.

38.

Dispose en fin, SEIGNEVR, mes sens en telle sorte,
Que comme i'ay osé cy deuant t'offencer
Par bouillante feruuer, ie puisse confesser
Mes delits, par feruuer aussi bouillante, & forte:

39.

Et comme le peche' m'a rendu miserable,
Des hommes detesté, & à toy odieux,
Donne, que du pardon le tresor precieux
Me rende aux hommes cher, & à toy agreable.

40.

Hé-Dieu! quel doux plaisir, qu'elle ioye asseurée,
Quel soulas non-ouy mon ame saisira,
Lors-que sur moy en fin le Prestre anoncera
De l'absolution la voix tant-desirée.

41.

Alors du-tout exempt, de la charge funeste
Des pechez donne-mort, ton Nom i'exalteray,
Et ainsi peu à peu preparé ie seray,
Pour gouster DE TON CORPS la viande celeste.

L'ESIOVISSÃCE
Du Penitent confessé, et absout.
Excultauit anima mea in Deo meo, quia
induit me Vestimentis salutis. Esa. 61.
x. de Wit f.

VII

L'ESIOVYSSANCE DV
PENITENT CON-
fessé, & absoult.

1.

L'Esperdu criminel conduit par la Iustice,
Pour recenoir la mort sur le lieu du supplice,
Qui voit la le bourreau, icy le Confesseur,
Qui, blesme, porte-ia la mort peïte en la face,
Et qui reçoit en fin la lettre de sa grace,
Qui le rend de sa vie, & des biens possesseur.

2.

D'vn dueil extréme passe en vne ioye extréme,
Il se trouue rauy, il est hors de soy-mesme,
Coup-sur coup il souspire, il n'entend, il ne voit
Ses circonstans amis, tend ses mains vers le Pole,
Et tasche de parler, mais sa foible parole
Ne peut pas exprimer la ioye qu'il conçoit.

3.

Tout-ainsi retiré du stygieux supplice,
Ou ia presque m'auoit enfoncé la malice,
Oyant le mot heureux de l'absolution,
Et sentant la douceur du Pardon, qui me touche,
Transporté, ie ne peux ny exprimer de bouche,
Ny conceuoir de cœur mon exultation:

4.

Aussi il n'est à cœur, ny à langue possible
De conceuoir, & dire vn bien imperceptible,
,, Le bien, que ie reçoy, est le bien infiny,
,, Des gains le passe-gain, la richesse ineffable,
,, Des tresors le tresor, la Perle inestimable,
,, Qui ma vie me rend, & mon mal à banny.

5.

Et quoy? le voile donc d'vn trop-ingrat silence
Couurira la splendeur de la largesse immense,
Dont tout-comblé me rend l'Eternelle bonté?
Non: si ie ne luy peux dignement satisfaire
Par mon foible discours, il me faut au-moins faire
Ce que pourra porter ma possibilité:

6.

Romp tes neuds, ô ma lãgue, & toy, bouche, débouche
L'escluse de tes mots, toy main, touche la touche
Plus douce de ton Luth, toy voix, pour ceste fois
Emprunte de Clion la plus-rare harmonie,
Tant-qu'en-fin du grand DIEV la louange infinie
Soit portée du Luth, langue, main, bouche, & voix.

7.

Tout ce que l'homme peut porter au cœur de zéle,
Toute l'ardeur qui peut estre en l'ame fidéle,
Et tout ce qu'est de pur en mon affection,
Ie te l'offre, ô SAVVEVR, courbé deuant ta face
Ie te loüe, beny, magnifie, & rend-grace
Pour l'immense bien-fait de ta remission.

8.

Ie ne peux asseurer auoir couche' l'histoire
De mes maux, comme il faut, car ma courte memoire,
Et ma parole ont peu à leur deuoir manquer,
Mais supplée aux deffauts, & de ma penitence
Poly les rudes traits par ta douce Clemence,
Tant qu'on n'y puisse rien d'imparfaict remarquer:

9.

Ie sçay bien que ie suis de ceste grace indigne,
Mais ta pitié rend l'homme, indigne de soy, digne
De ce diuin tresor, & tu te plais aussi
Des hommes receuoir la prompte penitence,
,, Si-bien qu'à tous ouuerte est tousiours ta Clemence,
,, N'estant close iamais qu'au pecheur endurcy:

10.

Ceste Clemence à fait en moy vn heureux change,
Car le Ciel contre moy d'obscurité' estrange
Sa face emmanteloit, la terre me reçoit,
Beante, m'engloutir, du Ciel or' le visage
Semble rire enuers moy espuré de nuage,
Et la terre pour moy ses ornemens reçoit,

11.

De l'infame peche' le pouuoir tyranique,
Me trainant enchesné du lien Satanique,
Sans-fin me bourreloit de mille & mille fleaux,
Ores de mon SAVVEVR la puissance eternelle
Secourant à propos mon ame criminelle,
Ma Cadene à rompu, & chassé' mes bourreaux,

12.

Et au lieu de ces fers, au lieu de ceste gene,
Au lieu du faix pesant de l'enorme Cadene
Des crimes traine-maux, mon DIEV à decoré
Mon volontaire col du ioug de l'innocence,
,, Ioug si plain de repos, de ioye & de plaisance,
,, Qu'il rend son porteur gay, content, & honoré.

13.

,, Et de vray tout le miel, le Nectar, l'Ambrosie,
,, Qui distille du Ciel, en ceste humaine vie,
,, Ne procede d'ailleurs que de ce ioug heureux,
,, C'est la douceur sans-fiel, la rose sans-espine,
,, Le succre perennel, & la Manne diuine,
,, Et sur tous les repas, le repas sauoureux.

14.

Mortels! que pensez-vous? he'-DIEV qu'elle manie
Vous trauerse l'esprit, croyant qu'en ceste vie,
Sans DIEV vous iouyssez de quelque volupté,
Non, non, de l'Vniuers le vallon miserable
N'a point l'aize asseuré, ny la ioye agreable,
Si l'homme ne la puize en la Diuinité,

15.

,, La chair en ses desirs n'est iamais assouuie,
,, On ne voit point marcher la ioye, que suiuie
,, De cent mille douleurs, c'est l'alternation,
,, Que le Recteur de tout establit en ce Monde,
,, Les biens y sont plantez sur vne boule ronde,
,, Qui versans, en leur lieu laissent l'affliction.

16.

»   *Du Monde le plaisir, n'est plaisir en essence,*
» *Son repos n'est repos, son bon-heur, d'Apparance*
» *Semble-estre, mais n'est pas, car la varieté*
» *Des cas humains, ne donne aucun bien qu'en escorce,*
» *La volupté n'est point volupté, ains l'Amorce*
» *Qui nous attire aux lacs de l'immondicité.*

17.

»   *Le vray plaisir consiste au bien-heureux seruice*
» *Du Pere tout-puissant, c'est le seul exercice,*
» *Qui ne fasche iamais, le ioug de liberté,*
» *Le trauail sans ennuy, car tant plus que l'hôme entre*
» *De l'office diuin dans l'agreable centre,*
» *De tant plus il s'auance en la felicité.*

18.

Puis donc, ô mõ SAVVEVR, que ta grace admirable
A mon col honoré de ton ioug agreable,
Vueille, ô Pere tout-bon, fermement l'attacher,
Rend, pour le bien porter, mon espaule nerueuse,
Et fay que des Demons l'escadre malheureuse
Par leur effort iamais ne puisse l'arracher.

19.

Salutaire Pasteur, puis-que ton Amour tendre
T'a fait tant de trauaux par la recherche prendre,
Pour l'oüaille perdue au bercail reporter,
Permets que desormais dedans ta bergerie,
Elle soit doucement de ton sainct laict nourrie,
Faisant les Loups cruels bien-loing d'elle escarter:

20.

Quant-à moy, de tout-point resolu de te plaire,
Ie veux bander mes nerfs pour du tout satisfaire
A l'expiation de mes pechez diuers,
Ie ne veux autre chose au cœur tenir empreinte
Que les salubres mots de ta parole saincte,
Et tes tourmens pour nous en ce Monde souffers:

21.

Pour l'abbout l'imité de ma chiche despence
Ie veux prendre l'aumosne, & la maigre abstinence
Pour mes frians banquets, pour discours vsité
Ie n'auray rien chez moy que l'ardante priere,
Par aumosne, Oraison, & par le Ieusne austere,
Ainsi ie domteray ma sensualité.

22.

Mais resout de tenir ce chemin salutaire,
Pourray-ie bien d'effect à l'aduenir parfaire
Ce bien-heureux dessein? hé ne cognoy-ie pas
L'estrange infirmité de ma Nature immonde,
Les effors de Satan, & les appas du Monde,
Qui me liurent tousiours cent furieux combas?

23.

Toutesfois au proiect de ce loüable ouurage,
Lasche, ie ne veux point abbaisser mon courage,
Ie veux, ferme, employer ce que peut estre en moy,
Car i'ay, ô mon SAVVEVR, ceste ferme asseurance,
Que de ton bras vainqueur l'inuincible assistance
Chassant mes ennemis, affermira ma foy.

LA RESOLVTION DV
PENITENT A LA
Satisfaction.

L'Ingenieux maßon, qui d'vn rare artifice,
Baſtit d'vn grand Palais le superbe edifice,
Et qui creuzant la terre a planté fermement
Du baſtiment Royal, l'aſſeuré fondement,
Ayant par le Niueau, par la Regle, & l'Esquierre
Entaßé tant de fois la pierre sur la pierre,
Qu'en-fin gardant par tout vne artiſte eſpoißeur,
Sa muraille il esleue à sa iuſte hauteur,
Employe autant son Art, l'vsage, & la Nature
A trouuer le deſſein d'vne ample conuerture,
Comme des autres pars, car l'ouurage autrement
Ne seroit pas en soy parfait entierement:
Ainſi puis-qu'il t'à pleu choiſir ma conscience,
Pour dans elle baſtir de l'Aſpre penitence
Le bien-heureux logis, puis-que l'Attrition,
Me sert de fondement, & la Confeßion
De la seconde part, ô DIEV, fay moy la grace,
Qu'a mes maux pleinement, abſous, ie satisface,
Si-qu'ayant satisfait, ie puiſſe heureusement
De mon salut parfaire en fin le baſtiment:
» Car comme des pecheurs les consciences mortes
» Offencent l'Eternel en trois diuerses sortes,

,, Il faut, il faut aussi, pour le crime effacer,
,, Trois contraires moyens promptement embrasser,
,, Afin que les trois biens de l'aigre repentence,
,, Reparent dedans nous les trois maux de l'offence:
Puis donc que du peché la cogitation
Est esteinte dans moy par la contrition,
Qu'heureux, ie recognoy que la iuste pensée,
Surmonte ma pensée iniustement pensée,
Et qu'en me confessant ma bouche a rebouché
Le discours, que ma bouche auoit dit en peché,
Il est temps ou iamais, Seignevr, que pour te plaire,
Par bien-faits, aux mal-faits ie tasche satisfaire,
,, T'ayant par l'action tant de fois irrité,
,, Par l'action ie dois te rendre contente':
Mais possible est-il bien, las! est-il bien possible,
Qu'vn forfait, qui de soy en nombre est indicible,
Et enorme en grandeur, puisse estre satisfait,
Esteint, aneanty, & tracé par le fait
De l'homme penitent? des œuures, qu'il opere,
Peut-il pour soy tirer vn effect tant prospere?
Veu qu'estant de soy-mesme vn monceau terrien,
Il ne peut accomplir parfaitemens le bien?
,, Ha! Seignevr, c'est le point, ou l'on voit l'efficace
,, De ton benin pardon, & le fruict de ta grace,
,, C'est ce ray tant brillant que iette ta douceur:
,, Car quand l'homme cŏtrit, & de bouche, & de cœur,
,, Capable rend son col du ioug de penitence,
,, Ta clemence aussi tost luy couure son offence
,, D'vn eternel oubly, mais cependant tu veux
,, Que ses vicieux faits, par ses faits vertueux

,, Demeurent reparez, & qu'il s'efforce faire
,, La satisfaction, par action contraire,
,, Autrement il encourt danger d'estre taché
,, De la gluante poix d'vn sur-croissant peché,
,, Mais s'il suit en cela la loy de toy prescrite,
,, S'addonnant aux vertus, il fait bien, il merite,
,, Il s'aduance au salut: & sa iuste action
,, A ses pechez commis sert d'expiation,
,, Non que son œuure seul soit de telle efficace
,, Que d'operer ce bien, ains il faut que ta grace,
,, Son penitent effort, & ton sang espandu,
,, L'ayent de ce tresor susceptible rendu.
   Vous, donc ô lasches mains, vous ô mains inhumaines,
Qui pour hausser l'amas des richesses mondaines,
Et frauder le prochain en cent mille façons,
Sans honte, auez tendu voz trompeurs hameçons,
Qui par damnable vsure, & ruse inueterée
Auez des moins-prudens la substance attirée,
Ca ça entrez en compte, & rendez promptement
Tout ce que vous tenez d'autruy iniustement,
,, Car on ne voit iamais la iustice diuine
,, La macule effacer de l'iniuste rapine,
,, Si à l'interessé la main du rauissant
,, L'emolument receu ne va restablissant.
   Il ne suffit aussi, ô mains lasches, de rendre
Tout ce que sans raison vous auez osé prendre
De l'auoir fraternel, il faut pour asseurer
Le salut de vostre ame, au plustost restaurer
L'interest du prochain, le dommage, & la perte,
Qu'à vostre occasion, greué, il a soufferte,

,, *Veu que si vous causez au voisin detriment,*
,, *Soit par vous, par autruy, par dol, consentement,*
,, *Par conseil, par propos, par crainte, ou conniuence,*
,, *Vous deuez restablir l'emergeante despence,*
,, *Et le proffit cessant, ou si ce sainct deuoir,*
,, *Ne peut estre accomply à faute de pouuoir:*
,, *Du moins ayez tousiours, ayez au cœur emprainte*
,, *De le mettre en effect, la volonté non-fainte.*

    Et si las! mon malheur si grief auoit esté,
Que de ietter la main contre la Deité,
Faisant ioindre, ô desastre! ô damnable entreprinse,
A mon bien temporel le sainct bien de l'Eglise,
Certes ie penseroy que le foudre de D I E V,
Petilleroit sur moy, si au sacré-Sainct-lieu
Soudain, ie ne rendoy auec rente doublée
La chose ainsi par moy furtiuement emblée,
,, *Car l'Eternel estant de l'Eglise l'Espoux,*
,, *Decoche, coleré, les trais de son courroux*
,, *Sur l'impiteux voleur, qui d'vne main cruelle*
,, *Ose rauir le bien de son Espouse belle.*

    O vous, mes freres chers, chers freres, dont l'honneur
A souffert, offensé, le coup de ma fureur,
Contre lesquels helas! mon indiscret langage
Par colere à vomy le venin de sa rage,
Et desquels à grand-tort mon courroux insensé,
Par coups, ou par brocards le renom à blessé,
Helas! pardonnez moy, & permettez, de grace,
Que selon mon deuoir or' ie vous satisface,
Ie vous veux doublement le meffaict reparer,
Car pour vn seul mespris i'entens vous honorer

Deux, trois, & quatre fois, & si ma langue impure
En public a osé vous faire quelque iniure,
Publiquement ie veux ceste iniure amender.
Ie veux de mes propos l'insolence brider
Par contraires propos: arriere toute honte,
Ie veux que mon deuoir ma vergongne surmonte,
Ie veux estre Chrestien, non mondain vergongneux,
Ie veux estre de l'ame, & non du corps soigneux:
,, Car i'ayme-mieux cent fois deuãt l'hõme estre infame,
,, Que rendre deuant DIEV criminelle mon ame.
    Et vous, qui bondissans d'vn transport coleré
Auez mon mal par dits, & par faits procuré,
Qui esmeus contre moy d'vn ennemy courage
M'auez en mon renom, & mes biens-faict dommage,
Hé! pensez-vous helas! pensez-vous mon courroux
Reciproquant au mal, estre espris contre vous?
Pensez-vous qu'aucun traict de vostre mal-veuillance
Demeure encor graué dedans ma souuenance?
Non, non, tout ce mal-faict de mes sens est coulé
Comme l'eau des hauts Monts, tout vous est cancellé,
Ca donnez-moy la main, ça que ie vous embrasse,
Ca r'entrons pour iamais en mutuelle grace:
Prenez le sainct baiser, qu'offre vn frere Chrestien
Oublieux de tout mal, & presentant tout bien,
,, Celuy qui veut gouster le fruict de penitence,
,, Ne garde point au cœur de son frere l'offence:
Mais helas! si l'acier de vostre inimitié,
Ne peut estre amolly par le feu d'amitié,
Dont ie tasche eschauffer la glace de vostre ame:
Ne croyez pas pourtant, mes freres, que la flamme

Du charitable Amour, que Chrestien, ie vous doy,
Par vostre passion soit estainte dans moy,
Car d'autant-plus-feruens vous serez à me nuire,
D'autant ie tascheray mes actions conduire,
Et mes deuots discours, à vostre vtilité,
Si-bien qu'à vostre effort par la hayne incité
Ie ne veux resister qu'auec effort contraire,
En priant DIEV pour vous, & taschāt vous biē faire.
    Taschant donc vers autruy ainsi me composer,
Il me faut de-surplus moy-mesme disposer
A n'irriter iamais la Supernelle Essence,
Ny par peché mortel, ny veniale offense:
Quand d'vn gozier sanglant l'aquatique poisson
A souffert, eschappé, le coup de l'Ameçon,
Il fuit, tourne, fretille, & touché d'horreur grande,
Euite tant qu'il peut la traitresse viande,
Et tremblant se retire, alors qu'il voit dans l'eau
Le friant moucheron, ou le gras vermisseau:
Ainsi ie me resous, ie promets, ie proteste,
D'euiter cy apres l'iniquité funeste,
Dont le fielleux morceau tant de fois i'ay gousté,
Inflexible, ie suis en ce point arresté,
De ne souiller iamais par la macule infame
Du damnable peché, la candeur de mon ame:
Que contre moy la mer, le feu, la terre, l'air
Face sauter, mouuoir, ouurir, & découler
Ses vagues, ses braziers, ses gouffres, son orage,
Non, il ne pourront point esbranler mon courage,
Mon sainct veu ne pourra par eux estre empesché:
Car estant trop-plus prest à la mort, qu'au peché,

Cent fois plus me seroit le mourir agreable,
Qu'enfraindre tant soit peu mon dessein immuable.
Mais pour acheminer ma satifaction
Au desiré sentier de la perfection,
,, Tout cela ne suffit: Car puis que mon offence,
,, Est griefue en qualité, merueilleuse en frequence,
,, Et en nombre infinie, il me faut efforcer
,, Et d'esprit, & de corp, pour soigneux, amasser
,, Le victorieux camp des œuures vertueuses,
,, Afin que l'escadron des vertus fructueuses
,, Marchant soubs l'estendar de la solide foy,
,, Auec gloire & proffit surmonte dedans moy
,, Le venin de la Coulpe, & le mal de la peine,
,, Qu'auec soy pour soldas, le peché tousiours traine.
Prenant donc le hanap de ma contre-poison,
Ie me retire à vous ô feruente Oraison,
Aumosne charitable, & salubre Abstinence,
Donnez moy, sainctes sœurs, & cœur & asseurance
Contre le vice impur : ça roidissez ma main,
Faictes grossir mes nerfz, faictes enfler mon sein
Deprise haleine & force, afin-que ie surmonte
Ce monstre chasse-bien, ost'-honneur, traine-honte.
Et de vray ie vous doy cherement caresser,
Car puis que mon peché ose, helas! offenser
DIEV, le prochain, & moy, ces trois playes ouuertes
Demandans l'appareil de voz dextres expertes,
,, Le Cataplasme doux, le sain medicament,
,, Qui vient de vostre Estuy, consolide aysément
,, Ces trois dangereux coups, veu-que par la priere,
,, L'homme se dresse à DIEV, par l'Abstinence austere,

,, *Il se domte soy-mesme, & despliant sa main*
,, *Par Aumosne, il contente en ses biens le prochain,*
,, *L'attrayante Oraison contre le vice infame*
,, *Courageuse, combat par les efforts de l'ame,*
,, *Le ieusne domte-chair, rend du tout susplanté*
,, *Par les armes du corps, l'effort de volupté,*
,, *Et l'Aumosne piteuse accortement maistrise*
,, *Par le bien temporel, l'auare conuoitise:*
,, *Tellement que les maux par noz biens, corps, esprits,*
,, *Contre autruy, contre nous, contre DIEV entrepris*
,, *Sont esteints, abbatus, & iettez-en-arriere,*
,, *Par les bien de l'Aumosne, Abstinence, Priere.*

 Mais, ô DIEV, qui cognois que mon infirmité,
Ne sçait, & ne peut-pas deuant ta Maiesté
Presenter, comme il faut, la priante harangue,
Pren la clef de mon cœur, & le frain de ma langue,
Fay couler dedans moy la ferme attention,
Qui puisse, en te priant, toute autre affection
Elongner de mes sens, fay que ton ton zele extreme
Par vn extaze sainct, me desrobe à moy-mesme,
Ou que laissant mon estre ordinaire, ie sois
Tout transformé en son, en clameur, & en voix
Pour bruire à ton oreille, élance sur mon ame
L'humilité, l'espoir, & la diuine flame
Du charitable amour, rend moy constamment fort,
Pour conduire mes vœux, sans me lasser à bord,
Faisant voile en la nef de la perseuerance,
Esclarcy mon esprit de l'Alme cognoissance
De ce que t'est plaisant, si que par ton refus,
Ie ne retourne point de l'Oraison confus.

Et afin-que ma voix vole au haut de ton Throne,
SEIGNEVR, *emplume-la des aisles de l'Aumoſne,*
Et du Ieuſne maigret, & fay ſon mouuement
Plus-roide que le foudre, & plus-prompt que le vent.

   Quand dõc ie ieuſneray, loin-loin, s'il te plaiſt chaſſe
L'hypocrite maintien de ma ioyeuſe face,
Plante en mon cœur la ioye, & la roſe en mon teinct,
Fay qu'en mon geſte ſoit le contentement peint,
Le ſous-ris en ma bouche, & qu'au fort du mal-aiſe,
Ie reçoiue tout bien, tout ſoulas, & tout aiſe,
Que le ieuſne me ſoit vn plaiſant chaſtiment,
Non pour aux hommes plaire, ains à toy ſeulement,
Paſſeray-ie plus outre? hé DIEV, DIEV, *debonnaire,*
Voudras-tu bien encor ceſte faueur me faire,
Qu'acheuant par ta main la Maceration
Ferme, ie puiſſe auoir la reſolution
De coucher ſur le roc, & deſſus ma chair tendre
La haire aſpre porter, la diſcipline prendre,
Et vſer de Cilice? ô quel ſauoureux miel
Couleroit ſur mon cœur, ſi aualant ce fiel,
I'eſtois exempt du mal que l'Aſtrée Iuſtice
Veut que viuant, ou mort, i'endure pour mon vice.

   Lors que ma foible main des pauures aydera
La miſerable trouppe, & qu'elle fournira
Aux malades fleſtris de viures, & veſture,
Qu'elle viſitera ceux qui ſont en capture,
Et proportionnant ſon Aumoſne au pouuoir,
Elle fera reſpondre à ſes biens ſon deuoir,
O DIEV, *garde ſur-tout que la gloire mondaine*
Ne reduiſe à-neant mes preſens, & ma peine,

Permets, que mon bien-faict de toy seulement sçeu,
Ne soit des yeux vanteurs des hommes apperceu,
Que mon Aumosne soit tellement departie,
Que ma senestre main ne soit point aduertie
De ce que sa Sœur donne, ains que tousiours tu sois
L'obiect seul de mes mains, & le but de mes dois.

 Ainsi guidans mes pas en ceste belle sente,
Pour conduire au repos mon ame penitente
SEIGNEVR, ne me rend pas seulement bien instruit
En ces trines vertus, mais donne moy le fruict
Qui heureusement part de leur douce presence,
Fay que ie tire donc la pleniere indulgence
De mes forfaits passez, & que ie sois exempté
Du supplice, par moy iustement merité
A raison de mon crime, & que sur moy ruisselle
A bouillons ondoyans ta grace supernelle,
Afin que du peché sainctement affranchy,
Espuré de la peine, & de grace enrichy,
Ie puisse cy apres paroistre en ta presence,
Et prenant le doux pain de ta diuine Essence,
Receuoir pour mon bien, des leures, & du cœur,
Mon soulas, mon plaisir, ma ioye & mon bon-heur.

Fin de la premiere partie.

En laquelle le Catholique, s'acheminant à la Sainte
Eucharistie, esleue son ame a la comtemplation
de ses merueilles, s'humilie en la receuant, descrit
son ayse apres la reception, & en demande les effets
Thomas de Leu fecit.

IX

LES DEVOTS ELAN-CEMENS DV POETE CHRESTIEN.

PARTIE II.

CONTENANTE

1.

L'acheminement du Penitent à la saincte Eucharistie.

2.

La ferueur du Communiant, adorant la saincte Eucharistie.

3.

La demission du Catholique, sur le point de la Communion.

4.

Le contentement du Communiant, ayant receu son Createur.

5.

L'action de graces du Catholique demandant les effects de la saincte Eucharistie.

L'ACHEMINEMENT
Du Penitent à la Sainte Eucharistie.

Non est alia natio tam grandis, quæ habeat
Deos appropinquantes sibi, sicut Deus noster
adest nobis.
Deut. 4

X

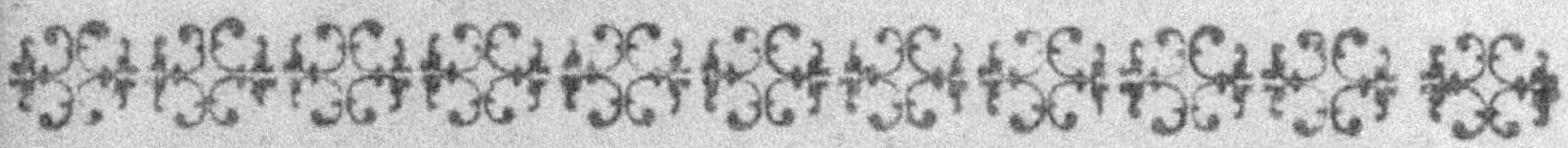

L'ACHEMINEMENT DV
Penitent à la saincte Eucharistie.

1.

SI mes propos rõpus coup-sur-coup s'entretaille,
Si ma langue tardiue ha le fil begueant,
Si mõ foible cerueau maintesfois tournoyant,
Par son discours autruy, & moy-mesme trauaille:

2.

O DIEV, excuse moy, & en remets, de grace,
La cause sur l'effroy causé de ta grandeur,
Supporte doucement la violente peur,
Dont, en considerant mon estre, ie m'enlace:

3.

Car si i'ose esleuer vers toy ma foible veuë,
Ie ne voy rien qu'esclairs, que gloire, & pureté,
Ie vois l'esclat si grand de ton Immensité,
Que mon ame esblouye en demeure esperduë:

4.

Et si ie tourne helas! mon regard vers moy-mesme,
Ie me voy si comblé de vanité, d'erreur,
De peché, de misere, & de maux, que d'horreur
Mõ poil en-haut se dresse, & mõ teinct s'en rẽd blesme:

5.

Aussi de ceste horreur la tempeste bruyante
Elançant contre moy sa cruelle rigueur,
Fige las! tout mon sang, emprisonne mon cœur,
Rend tremoussant mon poux, & ma voix impuissante,

F

6.

Mes os tremblent d'effroy, & ma veüe empeschée,
De crainte s'esbloüit, mon rude entendement
Espuisé se tarit, & par l'estonnement,
La vigueur de mes sens est du tout rebouchée:

7.

Mais combien-que dãs moy la crainte soit extreme,
Ie ne peux toutesfois craindre suffisamment,
Si egal à la cause estoit l'estonnement,
Rien-rien ie ne serois sinon la crainte mesme,

8.

Car que fay-ie, ô chetif! quel insensé courage
Pousse ma foible nef en si terrible mer,
Parmy tant de grands flots pourray-ie bien ramer
Pour anchrer dans le port, sans perir par naufrage?

9.

O voyage peu seur! ô traitre mal-aisée!
O dangereux dessein, ô faict precipité,
O dommageable audace, ô folle cecité,
Par qui à tous perils mon ame est exposée!

10.

Car i'ose presenter l'humaine creature,
Qui n'est rien que foiblesse, ordure, & vanité,
Au Monarque eternel, duquel la Maiesté
Est treshaute, tresferme, infinie, & trespure:

11.

Comment subsistera deuant DIEV admirable,
DIEV bon, pur, sage, clair, beau, iuste, & bien-heureux,
Ce qu'est le plus meschant, insensé, tenebreux,
Diforme, corrompu, iniuste, & miserable?

12.

Qu'a de commun le iour auec la nuict obscure,
Auec le Sainct des Saincts l'infame impieté,
L'immonde Belial auec la Deité,
Et l'ordure bourbeuse auec la blancheur pure?

13.

Ne me souuient-il pas de la peine aucrée
Que sur le champ souffrit le temeraire OZA,
Quand indiscretement de sa main il osa
Toucher l'Arche de DIEV, d'Israël adorée?

14.

Ose-ie donc helas! estre tant temeraire,
Que deuant toy sans front, ô SAVVEVR, m'aduancer,
Veu qu'en cela ie peux griefuement t'offenser,
Comme offrant sans propos le contraire au contraire?

15.

Ie suis par ma Nature, & mes faits detestable,
Et ie veux, comme pur, toucher à ta beauté,
I'ay cent fois le gibet, & le feu merité,
Et, pour loyer, ie veux bancqueter à ta table:

16.

Ainsi tant plus ie veux d'vne exacte maniere
Sonder ton excellence, & mon infirmité,
Tant plus ie recognoy que mon indignité,
Loin de ce sainct bancquet me reiette-en-arriere,

17.

Mais, si laissant-à-part mon estre, & ma misere,
Ie veux tourner les yeux vers ta benignité,
Changé, ie recognoy que ie suis inuité
Par cent, & cent moyens, à ce diuin mystere:

18.

Veu-que t'accommodant à l'humaine impuissance,
Tu as voulu couurir ta haute DEITE',
Par le fresle manteau de nostre infirmité,
Pour n'esblouyr noz yeux de ta lueur immense,

19.

Tu as iadis voulus estre, comme coulpable,
Aux Iuges sans-raison durement presenté,
Afin-qu'a ce moyen l'homme soit incité,
De te representer son estre miserable,

20.

Et puis, pour enuers nous de ton amour extreme
Monstrer les grands effects, assez ne t'a esté
De naistre, de mourir, viure resuscité,
Mais pour gage vers nous, tu t'es laissé toy-mesme,

21.

Terminant de la loy toute antique figure,
Tu as institué ce tres-haut Sacrement,
Peu auant ton trespas, pour eternellement
Noz ames sustenter de l'alme nourriture:

22.

C'est Holocauste sainct, ce diuin sacrifice,
Ce non-sanglant repas de ton corps precieux,
Ioignant heureusement la Terre auec les Cieux,
Rend à l'homme pecheur le tout-puissant propice,

23.

C'est l'Angelique pain, c'est ceste heureuse Hostie,
Qui de DIEV, & de nous entretien l'vnion,
C'est le past salutaire, & douce potion,
Qui le corps nous renforce, & l'ame viuifie:

24.

Mais il ne te suffit de ceste saincte offrande
Estre le sainct Autheur, tu veux, SEIGNEVR, tu veux
Que les tiens espurez de tous faits vicieux,
Reçoiuent en effect la celeste viande:

25.

Tu instruis tes enfans, ô debonnaire Pere,
A demander de toy le sur-naturel pain,
Tu veux que receuans ce grand bien de ta main,
Ils soient participans au sacré-sainct Mystere,

26.

Au peuple ayme-salut de ce grand Sacrifice
Tu commandes l'effect, de telle affection,
Qu'aucun ne peut sentir ta benediction
S'il ne gouste ta Chair, & boit en ton Calice,

27.

Quoy donc? seul entre tous seray-ie refractaire
A la benigne voix de ce commandement?
Seray-ie helas! surpris de tel aueuglement,
Qu'en cela ie ne veuille, ô mon DIEV, te complaire?

28.

Non: puis-qu'ainsi le veut ta Charité feruente,
Puis-que ce sainct deuoir tu veux tirer de nous,
Ie veux, comme humble enfant, te plaire, ô pere doux,
Pour t'obeyr, SEIGNEVR, voicy ie me presente:

29.

Mais ce n'est point assez d'entrer dedans la Sale,
Ou auec tant de gloire on voit ce grand festin,
Il faut pour assister à ce repas diuin,
Sur l'espaule porter la robe nuptiale:

30.

Et moy qui suis preßé de pauureté extreme,
Où pourray-emprunter ce riche vestement,
Sinon de toy SAVVEVR? qui n'est pas seulement
De richeße la source, ains la richeße mesme?

·31·

De moy, ie voy mes sens tant enclins à malice,
Qu'on ne me peut vers toy sans ton ayde pousser,
Et mesme ie ne peux en toy sans toy penser,
„ Car le bien de toy seul: & de moy vient le vice:

32.

Et bien que l'examen de l'aspre penitence
Par exacte recherche ait mon cœur visité,
Afin-que ie ne sois coulpable-reputé
Du sacrilege abbus de ta diuine Eßence,

33.

Ie n'estime estre exempt pourtant de ma misere,
Et ne me tien de moy en moy bien satisfaict,
Si tu ne me benis, car le bien en effect
Ne peut operer bien, si par toy il n'opere:

34.

Le peuple Hebrieu reglé par la loy Mosaïque,
D'vn celebre appareil l'Aigneau pasqual mangeoit,
Et en ce sainct repas, curieux, se rangeoit
A mainte action belle, & notable, & mistique.

35.

Deßus leurs reins estoit la ceinture portée,
La chaußure en leurs pieds, le baston dans la main,
Auec herbe sauuage, & le pain sans-leuain,
La Pasque il celebroit d'vne façon hastée.

36.

Mais puis que ta clemence enuers nous tant vantée,
Les signes a finis par la realité,
Fay qu'en te receuant i'aye la qualité,
Qui estoit aux Hebrieux, par ces ombres notée:

37.

Entourne donc mes reins, par la forte ceinture
De la blanche candeur & pure chasteté,
Afin-que par la foy, & par l'integrité,
Digne ie sois rendu de ta saincte pasture,

38.

Garny mes foibles pieds de la chaussure belle
De ton zele feruent, & par deuotion,
Tire à toy de mes sens toute la function,
Pour marcher, asseuré, à la gloire eternelle:

39.

Fay que pour mon appuy, & baston imployable,
Ie prenne de ta Croix les sanglantes douleurs,
Afin-que meditant tes insignes faueurs,
Ie puisse fermement m'approcher de ta table:

40.

Pour le pain non-leué, & la laictüe agreste,
Donne moy de mon vice vn regret non-mourant,
Fay que le goust-amer du peché deuorant,
M'apporte vn plus doux goust de ta Manne celeste.

41.

Pour la viste action par l'Hebrieu vsitée
Donne moy l'eguillon, qui a ta pieté
Esperonne les flancs de mon infirmité,
Rendant mon ame au mal tardiue, au bien hastée:

42.

Sur-tout, bon DIEV, sur-tout ma folle chair captiue,
Chasse le noir bourbier de mon affection,
Afin qu'euacué de toute infection,
Dans le Ciel ie m'eslance, & deuant toy i'arriue:

43.

Quand du puant bourbier l'Esponge est penetrée,
L'odorante liqueur ne s'y peut amasser,
Ains il faut de se trous toute ordure chasser,
Pour au salubre suc faciliter l'entrée,

44.

Presse donc, ô grand Dieu, quint'essence, decrasse,
Et supure mon ame, éleue iusqu'aux Cieux
D'vn attraict Aymantin son vol deuotieux,
Tant que pour ton obiect elle n'ait que ta grace,

45.

Arriere-loing de moy, retirez-vous-arriere
Obscures passions, qui de terre naissez,
Trop vous auez tenus mes sens embarassez,
Il est temps de ceder à la saincte lumiere:

46.

Quand du riche Orient sort la perleuse Aurore,
De l'Hemisphere a-coup s'en va l'obscurité,
Et quand du DIEV-tonnant l'immense Maiesté
Daigne approcher de moy, subsistez vous encore?

47.

Piqué du noir venin de vostre violence,
Pour iamais voz appas ie proteste laisser,
Car celuy, qui de DIEV veut l'Essence embrasser,
Ne peut point auec vous contracter d'alliance:

48.

Sacrez Archers de DIEV, beautez incomparables,
Impaſſibles eſpritz, belles Perles des Cieux,
De l'heureux firmament les flambeaux radieux,
Et des arreſts diuins Miniſtres admirables,

49.

Anges ſainctement-clairs, d'vne ſecouſſe agile
Ça tirez moy vers vous, ça preſtez-moy la main,
Diſſipez le brouillars de tout negoce humain,
Et me tracez au Ciel vne voye facile:

50.

Dorez moy de voſtre or, & par voſtre parure
Parez mon laid eſprit, car qui veut s'approcher
De l'Angelique pain, ſage, doit rechercher
D'vn Angelique ſoin l'Angelique nature,

51.

Et toy, ſupréme Roy, puis-que, hardy, ie paſſe
Iuſqu'a ton Cabinet, change moy en l'Oyſeau,
Qui de ſa mort prend vie, & nait de ſon tombeau,
Et ſois à cet oyſeau l'ardant ſoleil de grace,

52.

Le perruqué Phœbus par ſes chaux rays conſume
Du celebre Phœnix, & l'age, & la langueur,
Mais au meſme brazier reprenant ſa vigueur,
L'oyſeau ſe faict plus rare au chant, & en ſa plume:

53.

Ainſi conſume, ô Dieu, par ton feu delectable
Ce qu'eſt d'impur, de ſale, & de terreſtre en moy,
Afin-qu'en moy mourant, & renaiſſant en toy,
Digne ie puiſſe entrer aux ſieges de ta table.

LA FERVEVR
Du Communiant adorant la Sainte Eucharistie.
Iste est panis quem dedit vobis Dominus
ad vescendum Exod. 16. Thomas de Leu fecit.

XI

LA FERVEVR DV COM-
MVNIANT ADORANT LA
Saincte Eucharistie.

I.

Ainéte Manne du Ciel, Eternelle Ambrofie,
Plus qu'admirable pain, Sacremẽt dõne-vie,
Ofte, maux, verfe-biẽ, porte-ioye, ouure-cieux,
Des miracles plus grands le miracle fupreme,
Myftere, qui n'eft point cogneu que de foy-mefme,
Et de tous ornements, l'ornement precieux.

2.

Des facrifices grands le plus grand Sacrifice,
Antidote affeuré contre noftre malice,
Grand feau, dont DIEV vers nous fcelle fa Charité,
Victime, qui fans fang toutes victimes paffe,
Offrande à DIEV, de DIEV, & hoftie de grace,
Qui les hommes vnit à la Diuinité:

3.

Reçoy ce mien effort, par qui en ta prefence
Ie tâche de tirer la pure quint'effence
De mon ame, & mes fens, pour, deuôt, t'adorer,
Car mon efprit defaut, mon cœur fe liquefie,
Et mon ame de moy par extafe eft rauie,
Tant de moy ton fainct feu veut à toy m'attirer,

4.

Esleuant donc vers toy l'ardeur de mon courage,
Ie t'adore, ô mon DIEV, & te rend humble hommage,
Comme l'esclaue abiect de ta diuinité,
Cent fois ie te reuere, & te reuere encore,
Ie t'exalte sans-fin, & sans-fin ie t'honore
Esleué par la foy, & bas d'humilité:

5.

I'adore en te voyant, ô salutaire Hostie,
La Maiesté tressaincte, & grandeur infinie
De mon Roy, de mon DIEV, & de mõ REDEMPTEVR,
Car ie voy, esclairé par la ferme creance,
De ce visible pain estre soubs l'apparence,
Le non-visible corps du supreme facteur:

6.

Et cõbien que mon né, mon œil, ma chair, ma bouche,
Ne flaire, ne regarde, & ne sente, & ne touche,
Rien que l'odeur, blancheur, douceur, subtilité
Du pain materiel, toutesfois ie confesse
De parole, & de cœur ie croy que sous l'espece
Et du pain, & du vin gist la Diuinité.

7.

Du verbe supernel l'infaillible parole,
Qui d'vn rien fit la mer, l'air, la terre, & le Pole,
Pour nous combler de biens ce miracle entretient,
Faict que du pain l'essence est changée en l'essence
De son corps precieux, car sa toute-puissance
Sans substance, en cela, les accidens soustient:

8.

Le pain lors plus n'est pain, le vin, vin laisse d'estre,
Et tous deux delaissans leur estre, prennent l'estre
Du SAVVEVR des humains, car le grand Createur,
Pour paistre noz esprits de propre nourriture,
Passant oultré d'amour, les loix de la Nature,
Pour nous se faict viande, & baisse sa hauteur:

9.

Aueugles sens, sans sens, quoy trouuez-vous estrãge,
Ceste mutation, & ce bien-heureux change?
Vous qui estes hybous en l'estre naturel,
Vous qui ne pouuez-pas par la cause comprendre
Ce qu'on voit en la terre, hé pouuez vous entendre
Ce mystere basty du grand estre eternel?

10.

Cil, qui ce changement des substances denie,
Est dangereusement manié de manie,
La folle opinion estouffe son deuoir,
Il dement le SAVVEVR, contre DIEV il estriue,
Ses veritables mots de leur effect il priue,
Et oste au tout-puissant le tout-puissant pouuoir.

11.

Car sur le temps fatal de sa mortelle prise,
Le REDEMPTEVR, voulant doter sa chere Eglise,
Et ayant ses esleus vers l'vn & l'autre flanc,
Sur le pain & le vin ouurant sa bouche pure,
Profera ces beaux mots sans ombre, art, ny figure:
Mãgez, car c'est mõ Corps, & beuuez c'est mõ Sang.

12.

Quoy donc? faut-il chercher plus certain tesmoignage
De ce mystere grand que le propre langage,
Que les mots purs, & clairs du DIEV, de verité?
Pour son dire accomplir n'a-il pas la puissance
De muer la substance en vne autre substance,
Veu que l'œuure aussi tost naist que sa volonté?

13.

Si ie tourne mes yeux vers la saincte Escriture:
Maint-signe i'y cognoy, i'y lis mainte figure,
Qui de ce Sacrement predit la verité,
I'y recognoy la Manne, & l'Agneau de passage,
Seruir à ce sainct pain de figure, & d'image,
Pour dela faire foy de sa realité.

14.

Si donc le corps de DIEV, n'estoit que par ombrage
Dans l'Holocauste sainct, le sacré tesmoignage
Des Prophetes, seroit feint, & sans-verité,
Ombre d'ombre seroit, figure de figure,
Seroit la couuerture à l'autre couuerture,
Et vain, seroit forclos de la Realité:

15.

Celuy qui prend ce pain en estat non-capable,
Du corps & sang de DIEV, n'est-il pas faict coulpable
Selon des Peres saincts le sainct enseignement?
Et s'il est criminel de la diuine Essence,
Ne faut-il pas que DIEV, soit present en substance?
Car coulpable il seroit de l'ombre seulement.

16.

Fanaticques esprits, qu'vne secte nouuelle
A poußé hors du clos de la saincte Nacelle,
Las! ne voyez-vous pas les propos du SAVVEVR,
Des Peres les escrits, les non-errans Conciles,
A l'Eglise en ce point seruir de seurs Asyles,
Et du crime de faux conuaincre vostre erreur?

17.

Si las! vous ne croyez a tant & tant d'Oracles,
Hé, prenez-garde au-moĩs prenés garde aux miracles,
Qu'on voit de ce sainct corps sans cesse resulter,
Icy il iette sang, là les Diables il chasse,
Il leue icy les morts, là les maux il esface,
Et faict mille autres biens qu'on ne peut reciter.

18.

Et combien que mes sens ne puissent pas entendre,
Ce que la foy me faict facilement comprendre,
I'ayme-mieux toutesfois ce mystere adorer,
Qu'en chercher curieux, l'obscure intelligence,
Tire moy donc de moy, ô Supernelle Essence,
Afin que t'adorant ie te puisse admirer.

19.

O miracle indicible! ô merueille admirable!
Ie voy le tout-puissant le DIEV innenarrable,
Lequel des cieux brillans le spacieux pourpris,
Ny la mer en ses eaux, ny la terre en sa masse,
Ny l'Enfer en ses creux, ny l'air en son espace
Comprendre ne peut-pas, estre en ce pain compris!

20.

O chose esmerueillable, ô cas imperceptible!
Ce qu'on sent dans ce pain de palpable, & visible,
Dans le pain ne consiste, ains en la qualité,
Tout-telle qu'elle estoit demeure l'apparence,
Mais nostre REDEMPTEVR y entre par essence,
Entier en chair, en sang, en ame en Deité.

21.

O nouueauté estrange! ô faict impenetrable!
Des especes ie voy vn nombre innumerable,
Il n'y a toutesfois qu'vn corps tant-seulement,
Le corps n'est augmenté quand l'espece s'augmente,
Il n'est point decroissant l'espece decroissante,
Il est tout dans le tout, & tout dans le fragment.

22.

O secret tout secret, ô Cabale inconüe,
L'espece par le Prestre est touchée, & rompue,
Et le corps du SAVVEVR n'est rompu, ny touché,
C'est impassible corps en soy-mesme n'endure
Scissure, abscision, playe, coup, n'y fracture,
Combien-que le pain soit en mille pars haché.

23.

O mystere caché! ô prodige supreme!
Contraires accidens viennent de chose mesme,
Et d'vn mesme subiet sortent effets diuers,
En bon estat receu ce pain sauue noz ames,
Pris en estat-pollu il les ennoye au flames,
La vie il donne aux bons, & la mort aux peruers,

O grand

24.

O grand excez d'amour, ô charitable flame,
Dont l'esclat est si vif qu'il esblouït nostre ame,
O ardeur d'amitié, qui passe tout ardeur,
Celuy qui nourrit tout, se faisant nourriture,
Soubs l'espece du pain nourrit sa Creature,
Et capable la rend de sa propre grandeur!

25.

Cest amour donc si grand, si feruent & si tendre,
Pouuoit-il plus auant, ô REDEMPTEVR, s'estendre,
Plus-admirable effect pouuoit il apporter?
Non, non, on ne peut-pas voir merueille plus grande,
Que quand DIEV se faict chair, le Createur viande,
Victime le SAVVEVR pour l'homme substanter.

26.

Hé pourroit-on assez admirer ta sagesse,
Quand pour t'accommoder à l'humaine foiblesse,
Tu caches la splendeur de ta Diuinité
Soubs le pain, & le vin: le pain est delectable,
Et le vin attrayant, ainsi ta saincte table,
Mesme à l'exterieur nous donne volupté.

27.

Puis si DIEV paroissoit en sa visible gloire
Dans ce pain, nostre foy ne seroit meritoire,
En horreur entreroit nostre imbecillité,
L'homme aussi defaudroit par l'aspect de l'essence
Du grãd DIEV foudroyant, veu que nostre impuissãce
Ne peut porter les rays de la Diuinité.

G

28.

Ainſi puis-que voilant ta grandeur redoutable,
Ceſte eſpece tu prends ſi douce, & delectable,
Honteuſement-hardy ie me preſente à toy:
Me voicy, ie ſuis preſt à repaiſtre mon ame
De ton corps glorieux, eſchauffé par la flame
D'eſpoir, d'humilité, reuerence, & de foy:

29.

Mais auant qu'auancer, ô redoutable Pere,
Ma pechereſſe bouche à ce treſſainct myſtere,
Permets moy, Dieu tres-haut, permets te preſenter
Ton cher-vnic enfant, pour victime agreable,
Afin-que du Sauveur le merite ineffable,
Me face ce banquet à peu-pres meriter.

30.

Ie t'offre donc, Seigneur, la beauté, l'innocence,
La candeur, la clarté, & l'heur de ſa naiſſance,
Pour l'ordure couurir de ma natiuité:
Ie t'offre le Soleil des vertus de ſa vie,
Afin-que par ſes rays demeure eſuanoüie
La tenebreuſe nuict de mon iniquité.

31.

Ie t'offre les douleurs, & l'inſtrument infame
De ſa cruelle mort, ie t'offre ſa belle ame,
Qu'il rendit ſur la Croix, pour nous ouurir les Cieux,
Afin-que ceſte mort ſoit la mort à mon vice,
Afin-que ceſte croix ſoit l'inſtrument propice,
Pour y crucifier tous mes faits vicieux.

32.

Ie t'offre la splendeur de sa gloire infinie,
Lors que par sa vertu il se remit en vie,
Et que, victorieux, il saillit du tombeau,
Afin-que me poussant hors de ma forfaicture,
Qui sert à mon esprit de triste sepulture,
Resuscité, ie r'entre en un estre plus beau.

33.

Ie te presente aussi sa force incomparable,
Quand de terre laissant la masse miserable
Il fut dedans les Cieux de soy-mesme porté,
Afin-que du-tout-franc de la terrestre crace,
Dans le Ciel ie me guinde, & que plain de ta grace
Ie reçoiue ce pain tant & tant souhaitté.

34.

Et toy, SAVVEVR tres-doux, Pere tout-pitoyable,
Qui entre tes plaisirs n'as rien plus-agreable
Que te ioindre aux humains, & entr'eux conuerser,
Qui seulement ne veux pour eux ton sang espandre,
Mais pour eux il te plaist ton corps viande rendre,
Pour le comble sur eux de tes graces verser.

35.

Puis qu'il te plaist me faire une faueur si grande:
Que de m'estre par chair, par pitié, par viande
Homme, DIEV, & Agneau: bel Agneau, couure moy
De ta blanche toyson, homme doux sois mon frere
Par charitable amour, & traçant ma misere,
Tout-pitoyable DIEV, rend moy digne de toy.

G 2

36.

Fay sur moy ruisseler d'une abondante veine
De tes dons precieux l'eternelle fontaine,
Le vieil Adam dissipe, & me rend tout-nouueau:
Fay moy gouster le fruict de l'Hostie innocente,
Afin-que par ce pain, en effect ie te sente
Dieu benin, homme doux, & salutaire Agneau.

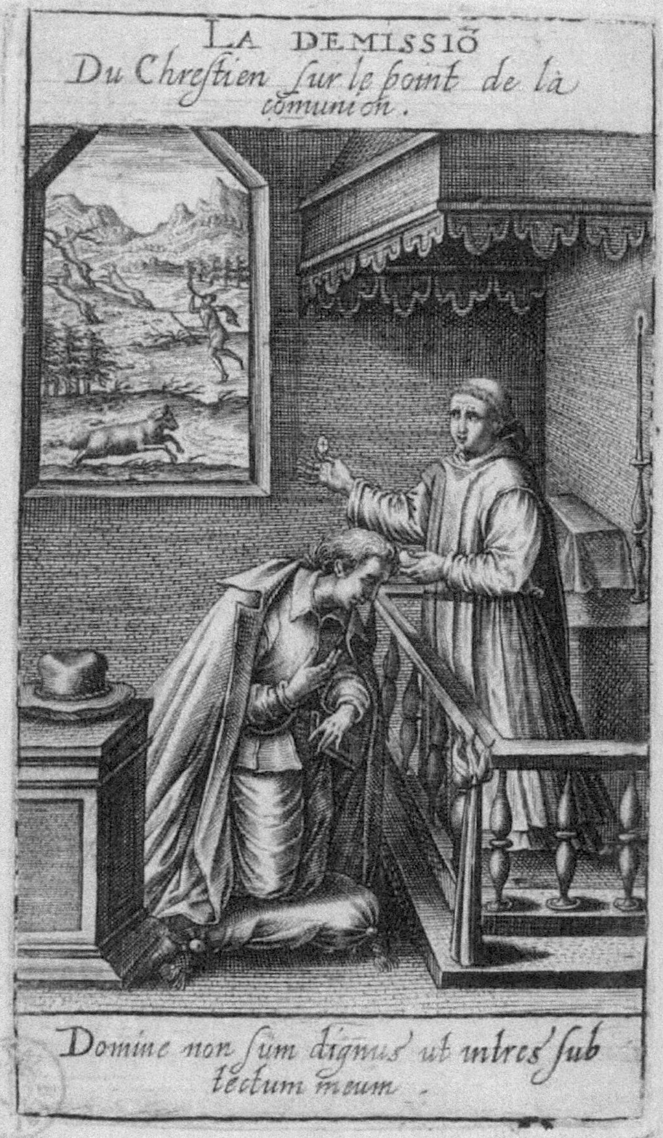
LA DEMISSIŌ
Du Chrestien sur le point de là
comunion.
Domine non sum dignus ut intres sub
tectum meum.

XII

LA DEMISSION DV
CHRESTIEN SVR LE
point de la Communion.

I.

Ans le vague desert la brebis egarée,
Qui tout le iour ne trouue en la lande alterée,
Herbage, ny buisson, d'vn gosier affamé
Desire l'herbe tendre, & de faim oppreßée
Precipite son corps à la course forcée,
Pour prendre la pasture au Parc accoustumé:

2.

Quand des Chiẽs outrageus la meutte habandõnée,
Persiste tout-le-long d'vne chaude iournée
En ses courans effors, le Cerf hà-haletant
Pour appaiser sa soif, à-col-languide tire
Vers l'argentin ruisseau, & rien-rien ne desire
Que boire la claire eau du fleuue serpentant:

3.

                                          (ure ame
Tout de mesme, ô mõ DIEV, mõ bõ DIEV, ma pau-
S'esuanouyt, deffaut, se-dissout, & se pasme,
Pour le desir qu'elle ha de ton corps precieux,
Elle pallit de faim de ta sacrée Hostie,
Elle languit de soif de ton Sang donne-vie,
Et n'a rien pour souhait que ton pain ouure-Cieux.

4.

Las! à iuste raison certes elle est atteinte
D'vn si feruent desir, elle est de-vray contrainte
De chercher ce repas pour sa necessité,
Et, te rendant aussi la deuë. obeïssance,
Inuitée elle y court, veu-que par ta Clemence,
Ce banquet salutaire est pour elle appresté.

5.

Ie me presente donc à ta diuine Table,
Comme à l'Asyle seur, à l'Autel secourable,
Et au remede prompt de toutes mes douleurs,
Ie me presente à toy, sçachant bien que ta grace,
Les pecheurs accourans clementement embrasse,
Et que dessus noz maux triomphent des douceurs.

6.

Soüillé, malade, aueugle à tes pieds ie m'encline,
Pour ores obtenir de ta grace diuine,
Par ce pain la candeur, guerison & clarté:
Nud, indigent, & mort. i'implore ta Clemence,
Afin-que le bien-faict de ceste saincte Essence
Me rende reuestu, riche, & resuscité.

7.

Helas! quand il te pleust. pour à noz ames rendre
L'inesperé salut, sur la terre descendre,
Pour place, tu choisis le ventre Virginal,   *(dure,*
Ventre tout-sainct-tout beau, tout-net, tout-frãc-d'or-
Car ceste Vierge estoit. mesme en sa geniture,
Plus pure que le feu, plus claire que Crystal.

8.

Et apres ton trespas vne toile espurée,
Blanche, & nette reçeut ta chair descolorée,
Et ton corps fut placé dans vn recent tombeau,
Comment pourras-tu donc pour ton logis me prendre,
Las! comment pourras-tu en moy, SEIGNEVR, descédre,
Puis qu'en moy ie n'ay rien d'honeste, riche, ou beau?

9.

Las! indigne ie suis, SEIGNEVR, ie suis indigne,
Ie suis indigne encor de ce Mystere insigne,
Ie ne merite point que tu entres en moy!
Las! mon ame ie voy tant infecte, & impure,
Ie recognoy mon corps tant occupé d'ordure,
Qu'estre ie ne peux pas susceptible de toy!

10.

Mais las! comme il t'a pleu prés des bestes estendre
Ton tendre corps iadis en vne Estable, & prendre
Pour logis la maison des pescheurs diffamez,
Il t'a pleu, ô SAVVEVR, d'vne entrée facile
Honorer du Lepreux le sale Domicile,
Et descendre au Chaos des Demons enfumez.

11.

Fay ainsi enuers moy, entre, ô doux SAVVEVR, entre
Dans le noir Cabinet, dans le tenebreux Centre
De mes impures mœurs, & ne dedaigne pas
De prendre ton logis soubs ma laide Toiture,
Daigne abbaisser, SAVVEVR, ta clair'-alme Nature,
Pour loger dans ce cœur tant vil, obscur, & bas.

12.

Tu rendis clair , purgé, lumineux, delectable
Le logis, le hameau, le Chaos, & l'Estable
Des Pescheurs, des Lepreux, Demons, & animaux,
Ainsi entrant en moy, donne, que ta presence
Esleue mon esprit , purge ma conscience,
Sanctifie mes mœurs, & repoulse mes maux.

LE CONTENEMENT
Du Communiant, ayant reçeu son Createur.
Tho de Leu fecit.
Cor meum, & caro mea exultaue-
runt in Deum viuum. Psal 83.

XIII

LE CONTENTEMENT DV
Communiant ayant receu son Createur.

1.

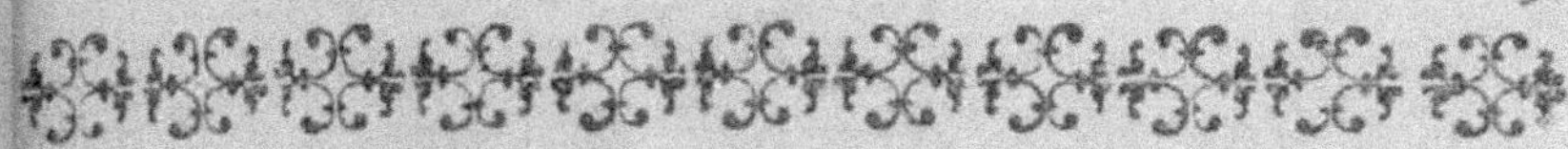

E! quel celeste miel, quel sucre delectable,
Quel chatoüillãt plaisir, q̃lle immẽse douceur,
Ie sens au plus profód de la bouche, & du cœur,
Ayant pris, ô Savvevr, mon repas à ta table.

2.

Ie ne suis seulement comble' de ioye extreme,
Seulement ie ne suis plein de contentement,
Mais ie suis par l'effect de ce haut Sacrement:
Et le contentement, & l'allegresse mesme:

3.

Mon ame, qui tantost sombrement obscurcie,
Sa veuë à-peine osoit eslever vers les Cieux,
Ores d'vn regard fixe en-haut dresse ses yeux,
Comme estant par ton feu pleinement esclaircie.

4.

Mon corps, qui en sa peau, en chair, en sa moüelle,
Se trouvoit pallissant, langoureux, & casse',
Paroit or' agreable, agile, & renforce'
De couleur, de soupplesse, & de vigueur nouuelle:

5.

Vrayment ce bel effect m'est chose non-pareille,
Et que mes sens assez ne peuuent admirer,
Mais si de-prés ie veux ce cas considerer,
Ie recognoy qu'il est merueilleux sans merueille.

6.

Car de-vray c'est merueille, & nouueauté estrange,
De voir par ce repas l'homme rendu parfait,
Veu-que le commun cours de Nature, ne fait
Par moyen ordinaire vn si notable change:

7.

Mais si ie veux sonder la cause bien-heureuse,
Qui en l'ame & au corps ces biens me fait sentir,
Ie ne dois m'estonner voyant ores sortir
Tant d'effects merueilleux de cause merueilleuse:

8.

Car ie vien d'assister à ce banquet supreme,
Ou auec l'escadron des Anges glorieux,
Le SAVVEVR encerné de la gloire des Cieux,
Les siens conuie à table, & se liure soy-mesme.

9.

I'ay dedans moy receu, pour viande agreable,
Le Monarque Eternel, le Pere tout-puissant,
Le permanent plaisir, le bien non-perissant,
La vertu infinie, & le soulas durable:

10.

Somme ie tien dans moy la source de la vie,
Le surjon du bon-heur, la cause de santé,
Et ie sens tout le bien dedans moy aresté,
,, Car tout bien est compris en l'Essence infinie.

11.

Puis-que i'ay donc en moy l'origine Eternelle
Du souuerain bon-heur & du bien infiny,
Faut-il s'esmerueiller si on me voit garny
De l'ordinaire effect d'vne cause si belle?

12.

C'est pourquoy mon esprit, si viuement s'eslance
Aux estages plus hauts du clair azur des Cieux,
Que quittant le sejour de ces terrestres lieux,
Il ioüyt de l'aspect de la diuine Essence:

13.

Mesme il me semble veoir d'vne penne esmaillée,
Les Anges doucement deuant moy voletter,
Et les Hymnes diuins diuinement chanter,
Pour rendre de tant plus mon ame consolée:

14.

Ce bel air, qui s'espand en ma circonferance,
Paroit estincelant de si vine clarté,
Qu'il semble que Phœbus, auec l'Astre argenté,
Et tous les feus du Ciel nous facent assistance:

15.

Bref mon ayse est si vif, penetrant, & sensible,
Qu'il faict fondre mon ame, & dissoudre mon cœur,
Si grand est mon plaisir, que sa viue grandeur:
Me rauit en extaze, & me rend insensible.

16.

Aussi la raison veut, puis-que dans ma poictrine,
Diuinement repeu ie tien la Deité,
Que ie sois ioüyssant de l'heur, ioye, & clarté,
Que pour suitte produit ceste Essence diuine.

17.

Cela, bon-DIEV, me faict plus que iamais cognoistre
Que tes mots sont tousiours suiuis de verité,
Car de ce que iadis aux tiens tu as dicté
Tu m'en fais maintenant les effects apparoistre,

18.

Ta veritable voix, ô SEIGNEVR, *nous asseure,*
Que quand l'homme, qui est d'ame, & de corps purgé,
A beu ton Sacré-Sang & ton corps à mangé,
Tu habites en luy, & luy en toy demeure:

19.

Delà vient que ie tien pour creance certaine,
Que, pour l'homme prouient de ceste somption,
L'indissoluble nœud, & la ferme vnion
Du Monarque Eternel, auec la race humaine:

20.

Ce banquet, ô SEIGNEVR, *si hautement m'honnore,*
Qu'estant solidement à ton essence vny,
De tes perfections ie demeure garny,
Car t'ayant dedans moy, i'ay tous tes biens encore:

21.

Tu participes donc à la foiblesse enclose
Au bas estat de l'homme, & moy d'autre costé
Ie participe aux biens de ta Diuinité,
,, *DIEV, & l'homme en cela ainsi sont mesme chose.*

22.   *(plique,*

Mais comme quand deux corps l'vn à l'autre on ap-
Dont l'imparfaict est foible, & puissant le parfaict,
L'vnion du parfaict embellit l'imparfaict,
Et la grace espurant ses biens luy communique:

23.

L'eau pure, qui se trouue au vaisseau meslangée
Auec le Baume fin, perdant sa qualité,
Reçoit d'vn corps si beau, l'odeur, prix, & bonté,
Car l'eau laisse d'estre eau, & en Baume est changée.
                                         De mesme

24.

De mesme ta vertu à ma foiblesse vnie
Consume les defauts de ma fragilité,
Car l'esclatant rayon de ta Diuinité
Rend de tous mes pechez la nuict esuanouye:

25.

Ie n'ay dõc plus dãs moy, pour moy ma vie emprainte,
Mais en toy, & par toy, & pour toy seulement,
„ Car ma vie n'est point ma vie proprement
„ Quand elle adhere à DIEV par ceste vnion saincte.

26.

A DIEV, ô terre, A DIEV, A DIEV race mortelle,
De vous ie ne tien rien, plus ie ne suis à vous,
Estant par ce lien ioinct à mon SAVVEVR doux,
Ie me sens esleué à la gloire immortelle!

27.

Auec ce bas lymon ie n'ay plus de commerce,
Le SAVVEVR auec soy m'ayant incorporé
M'a de l'humain bourbier doucement retiré,
Et les plus beaux tresors de sa grace me verse.

28.

Philosophes trompeurs d'autruy, & de vous-mesmes,
Qui du Souuerain bien l'habitacle caché
Auez d'vn si grand soin vainement recherché,
D'esprit, face, de corps, chagrins, courbe's, & blesmes.

29.

Las terminez en fin vostre longue carriere,
Couppez ores le fil à voz discours impurs,
Et sortans du profond de voz cachots obscurs,
Leuez la teste en-haut pour voir ceste lumiere:

H

30.

C'est icy de tous biens le bien imperceptible,
C'est le but, ou visoit vostre arc roide-tendu,
C'est ce point tant cherché, mais non-pas entendu,
C'est ce Soleil qui fut à voz yeux inuisible:

31.

Si vostre ame auec moy desire estre saisie,
De plaisir indicible, & d'extreme douceur,
Accourez, & purgeans, comme il faut, vostre cœur:
Aualez ce Nectar, goustez ceste Ambrosie.

32.

Et vous, qui vifs en corps, & mourans en voz ames,
Soulez brutalement vostre charnalité
Du lustre, de l'estat, du goust, de la beauté
Des honneurs, des tresors, des banquets, & des femmes,

33.

Helas! estimez-vous que parmy ceste ordure
Vous puissiez perceuoir le miel du vray plaisir?
Non: car ployans le col à ce brutal desir,
Soudain du repentir vous sentez la poincture:

34.

Hé! ne sçauez-vous-pas que quand vostre poictrine
A beu du traict mortel ce venin dangereux,
Aussi-tost vous voyez arriuer, malheureux,
En voz ames, voz corps, & voz biens la ruyne?

35.

Mes amis, quittez donc ceste volupté feinte,
Ces desplaisans plaisirs, ces ayses doloreux,
Et dignes vous rendans du banquet bien-heureux,
Sages, approchez vous de la Victime sainte:

36.
La-là vous trouuerèz la lieſſe pleniere,
L'ineffable bon-heur, le vray contentement,
Vous cognoiſtrez que DIEV en ce haut Sacrement
Pour l'homme de tous biens ſe fait la pepiniere:

37.
Vous verrez en effect, que l'aiſe dont en terre
L'homme aueuglement-ſot s'enueloppe ſouuent,
Et plus-coulant que l'eau, plus-leger que le vent,
Plus-amer que le fiel, & plus-fresle que verre:

38.
Vous verrez qu'auec ſoy ce grand feſtin ameine
Tant d'aiſe, de plaiſir, de ioye, & de bon-heur,
Que l'homme par ſon aide, en douleur n'a douleur,
Et qu'en peine il n'eſt pas, biẽ qu'il ſemble eſtre en peine.

39.
Vous m'en eſtes teſmoins, ô Peres Venerables,
Qui pour vous acquerir l'heureux ſeiour des Cieux,
Entre les fiers Dragons, & Tigres furieux
Habitaſtes iadis les rochers effroyables,

40.
L'herbe ſauuage, l'eau, le roc, la haire dure,
Au lieu de chair, de vin, de doux lict, de drap beau,
Seruoit voſtre eſtomach, langue, membres, & peau
D'aliments, de boiſſon, de couche, de veſture.

41.
Mais parmy l'aſpreté de ceſte vie auſtere,
Le corps du REDEMPTEVR, que gouſtiez en tout tẽps,
Rendoit voz membres gays, & voz eſprits contens,
Voſtre âge prolongeant outre l'âge ordinaire:

H 2

42.

Vostre vie n'estoit seulement meritoire,
Belle, douce, innocente, & agreable à DIEV,
Mais vous sentiez des-ia en ce terrestre lieu
Le clair eschantillon de l'Eternelle gloire:

43.

Moy-mesme, qui ne suis rien qu'vn môceau de fangi,
Emprisonné au monde, & du vice entrassé,
Ie me sens doucement en ayse releué,
Côme estât par ce Pain transformé d'homme en Ange.

44.

O banquet! qui en heur solidemët extreme,   (reux!
Rend l'homme en-tout par-tout, & tousiours tout-heu-
O festin, dont l'aspect & le goust sauoureux,
Est plus beau que le beau, plus doux que le doux mesme.

45.

O clair memorial! ô souuenance heureuse
Des sanglantes douleurs, que pour nostre salut
Le REDEMPTEVR souffrit, quand, victime, il voulut
Expier noz pechez par sa mort douloureuse!

46.

O puissant antidote! ô forte medecine!
O remede du Ciel à nostre ame enuoyé!
Qui du vice rendant le pecheur nettoyé
Luy fait gouster le fruict de la gloire Diuine!

47.

O ferme astriction! ô liayson supreme!
O admirable nœud! par qui l'humanité
Conioincte sans milieu à la Diuinité
En mesme instant iouyt de DIEV, & de soy-mesme.

48.

Hé, puis-que ce beau nœud, ô Pere, en soy apporte
Tout le bien que pour soy l'homme peut desirer,
Pour mon bon-heur helas! à iamais asseurer
Rend en moy ceste chaine eternellement forte:

49.

Et afin que mon ame en toy desormais vine,
Viuant, qu'elle ayt le fruict de ta felicité,
Qu'ayant ce fruict, elle aille à ton Eternité,
Qu'allant, elle ayt l'effect de ta force vnitiue.

50.

Afin qu'aussi dans moy rien que toy ie ne porte,
Afin que pour moy soit le monde perissant,
Afin que le Demon pour moy soit impuissant,
Et afin que ma chair ne soit qu'vne chair morte:

51.

                                        (meure,
O Dieu, demeure en moy, Seigneur, en moy de-
De grace, fay dans-moy pour iamais ton seiour,
Donne moy, que mon cœur bruslant de ton amour,
Tousiours vine auec toy, & qu'auec toy il meure.

L'ACTION-DE-GRACES
Du Catholique, demandãt les effects de la
Sainte Eucharistie.
J. de Weert f.
Ambulauit in fortitudine cibi illius. 40 diebus
et 40 noctibus. usq; ad montem Dei. Horeb. 3
Reg 19

XIIII

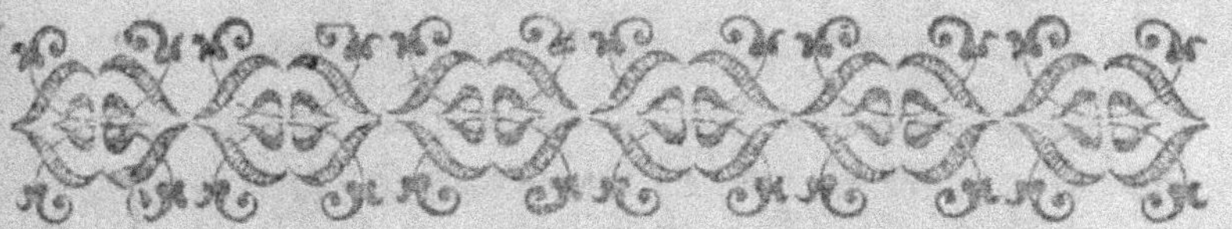

L'ACTION DE GRACES
du Catholique, demandant les effects de la saincte Eucharistie.

QVANT-bien de tout mon corps les solides
   parties
  Seroient en bouches, voix, & langues con-
   uerties,
Quand au cœur, aux poulmons, & au Larinx encor
I'auroy de Ciceron, de Pericle, Nestor,
Les raisons, la vigueur, les propos admirables,
Certes ie ne pourroy en termes connenables,
De parole exprimer, ny conceuoir de cœur
Les graces que ie doy rendre à mon doux SAVVEVR,
Pour l'indicible bien, & l'heur inestimable
Dont ie me sens comblé, au leuer de sa Table,
„ Car estant le bien-faict, duquel il m'a garny,
„ Du tout incomparable, immense, & infiny,
„ A vn bon-heur si grand on ne peut satisfaire
„ Par discours des sçauans, ny propos du vulgaire,
„ C'est chose qui excede en-soy l'humain parler.
  Toy qui ne m'as voulu seulement esgaler
Aux Anges par ce Pain, ains me ioindre à-toy-mesme,
Fay distiller le miel d'vne eloquence extreme

H 4

Deſſus ma langue aride, afin qu'aucunement
Mon langage, ô Savvevr, reſponde à l'argument.
　　Si vn grand Empereur, ſe demettant, abbaiſſe
De ſon ſceptre emperlé l'eſclatante hauteſſe,
S'il veut ſa Maieſté de tant s'humilier,
Que par traite-Nopcier il daigne s'allier
Auec la Bergerotte, & s'il la rend egale
Par la table, & le throne à ſa grandeur Royale,
La pauurette en ſon cœur alors bien-cognoiſſant
Que de tous ſes eſſors l'effort eſt impuiſſant,
Pour à ſi grands bien-fais rendre aſſez grande grace,
Baiſſe ſa belle veüe, empourpre de ſa face
Le teint clairement-blanc vergogneuſe, & combien
Qu'elle ſoit ſans propos, ſon gracieux maintien
Sans parler parle aſſez, ſa poſture modeſte
Fait le remerciment, & ſe taiſant, atteſte
Que l'apprehenſion de l'heur, qu'elle reçoit,
Eſtouffe tous les mots qu'au cœur elle conçoit
Pour le regracier, ſi-bien que ſon ſilence
Trop plus aggrée au Roy qu'vne rare eloquence.
　　Ainſi puis-que ie voy ton immenſe faueur
Eſtendre deſſus moy tout ſon treſor d'honneur,
Que ie ſens ta grandeur croule-mons, darde-flame,
Se demettre de-tant que ſe ioindre à mon ame,
Et par le ferme nœud d'vn embraſſement doux
Contracter l'hymenée, & s'en rendre l'eſpoux,
Et le Facteur de tout, qui le Tout en tout paſſe,
S'vnir à ſa facture infirme, obſcure, & baſſe,
O Seignevr, recognoy que mon cœur eſt ſans cœur,
Mon Eſprit ſans Eſprit, ma vigueur ſans vigueur,

Mes propos sans propos, & mon ame sans ame,
Voy que l'immensité de tes bien-fais me pasme,
Priue de sens mes sens, & estouffe dans moy,
Le grand los que te rendre & ie veux, & ie doy:
   Près au moins, ô grãd D I E V, pren pour ma redeuãce
Ma silente ferueur, & mon feruent silence,
Et sans tirer de bouche aucune expression,
Reçoy la saincte ardeur de mon affection,
Ou plustost, ô bon D I E V, pour mon offrande extreme
Daigne au lieu de propos, me receuoir moy-mesme
Pour respondre à tes biens, voicy, ô doux S A V V E V R,
Ie consigne en tes mains ma volonté, mon cœur,
Mes os, ma chair, mon sang, ma vigueur, & ma flame,
Ie ne reserue rien ny du corps, ne de l'ame
Qui ne te soit offert, car ton estre infiny,
Estant par son essence à mon essence vny,
Et mon ame à ton estre estant incorporée,
Qu'elle part de mon tout peut estre separée
Du tout qui tout contient? toy donc, qui es en moy,
Ne me refuse point les biens qui sont en toy,
Ains puis-que par le past de ta sacrée Essence
Tu daignes m'honorer de l'heur de ta presence,
Daigne encor, doux S A V V E V R, daigne me repartir
Du salutaire effect, qu'on voit souuent sortir
De ce Pain Supernel, tant que goustant l'Hostie,
Ie puisse aussi gouster sa vertu infinie:
Hé, donc, puis qu'il te plaist que ton corps doucement
Soit dedans moy posé, comme en son monument,
Et que sans prendre garde à ma natiue ordure,
Tu veux que de ta chair ie soy la sepulture,

Faisant que de tõ corps tout net, tout-sainct, tout-beau
Un infirme pecheur soit le viuant tombeau,
Rend moy, Pere tout-bon, rend moy du tout semblable
A ce roc dont fut fait ton sepulchre honorable,
Empierre moy du tout, & plante dedans moy
L'immobile rocher d'vne solide foy,
Afin que par le Monde, ou l'Enfer martelée
Ma creance iamais ne se treuue esbranlée.

De ton sepulchre sainct le Caueau bas-obscur
Fut richement garny d'vn drap blanc, net, & pur,
Tout-de-mesme, ô bon DIEV, garny ma conscience
De la riche blancheur d'vne pure innocence,
Afin que l'ornement, dont ie suis esclarcy,
Ne puisse par le vice estre iamais noircy.

De ton soüef tombeau les parties pesantes
Pleines du cher amas de drogues odorantes
Parfumoient l'air riant d'vne agreable odeur,
Du parfun de vertus embaume ainsi mon cœur,
Afin que par l'odeur de ma vie loüable
Ie porte à ta narine vn encens agreable:

Ceste Arche tant prisée en l'Hebreu testament
Estois l'ombre mystique, & le sainct argument
De ton corps precieux, & comme dans icelle
Chose ne se trouuoit plus rare, ny plus belle,
Que la iumelle table, ou le tout-puissant doy
Auoit graué pour tous les saincts mots de la Loy,
Ainsi en ce banquet ta haute Liturgie
Ma conscience ayant pour ton Arche choisie,
Fay que rien ie ne porte en moy pour ornement,
Que les sacrez couplets de tes commandemens,

Et que tousiours ta main au creux de ma poitrine
Les sainéts trais de ta Loy si fermement burine,
Que les tenant au cœur par meditation,
Ie les puisse tousiours reduire en action.

    Ie bondy de liesse, & sens mon ame attainte
D'vn extreme plaisir, quand l'Escriture saincte
Me fait foy qu'vn corps-mort sur le corps-morts ietté
D'vn Prophete entombé, saillit resuscité,
Car si d'vn homme sainct la poudreuse carcasse
Vers vn corps priué d'ame eut si grande efficace,
Quels admirables fruicts, quels effects precieux
Doit operer le corps du Monarque des Cieux?
Le sainct corps du SAVVEVR, par qui tout est en vie?
Et qui rend par ses rays toute chose embellie?
Brillant honneur du Ciel, hà ie croy fermement,
Que de ta saincte chair le sainct attouchement
Au monde, & au peché ayant la force ostée,
Fera leuer mon ame aux biens resuscitée,
La tirera du fond de son pecheur tombeau,
Pour luy donner vn estre, & solide, & nouueau,
Estre, qui se rendent le meurtrier de son vice,
La fera pour tamais reuiure en la iustice.
    Quand l'aspect temperé du celeste flambeau
Rayonne de droict-fil sur l'odorant morceau
De la flammeuse cire, à l'instant ceste-masse
Se fait tiedement chaude, & doucement mollasse,
Dont l'accort Chancelier prenant les chers morceaux,
En forme puis apres ses honorables seaux:
Ainsi puis-que l'ardeur de ta celeste flame
En ce diuin banquet raye à plomb sur mon ame,

Touche la viuement du feu de Charité,
En-sorte que laissant son aigre dureté,
Au prochain elle soit douce, molle, & traictable,
Que du tout occupée au deuoir Charitable
Soigneuse de son frere, oublieuse de soy,
„ Elle ne prenne forme, ô SEIGNEVR, que de toy,
„ Sois-en le Chancelier, pestry-là de ton pouce,
„ Et luy donne le sceau de ta volonté douce,
„ C'est l'ordinaire effect du Soleil tournoyant,
Quand le trait chaleureux de son œil tout-voyant
Touche, sur le Printemps, la terre humide-grasse,
De dissiper la neige, & dissoudre la glace:
Dissipe, ô vray Soleil, ainsi par ta chaleur
Les mesfaicts froidureux qui me gelent le cœur,
Dissous, ô clair flambeau, par ta vitale flame,
Ces neiges, & glaçons qui morfondent mon ame,
Si qu'au lieu des pechez, qui m'ont rendu glacé,
Ie sente des vertus tout le feu ramassé.

    Le malade, qui à dans la tremblante couche
Le ius Medicinal aualé par la bouche,
En nouuelle vertu voit sur-croistre son cœur,
Sa nature s'armer de recente vigueur,
Et peu à peu congnoist que sa force assemblée
Rend, luy rendant santé, sa langueur accablée,
De-mesme ayant, ô DIEV, gousté ton Sacrement,
Qui est contre tous maux le vif medicament,
Fay que de ma vertu la vertu redoublée
Rende de biens mon ame abondamment comblée,
Que ton sainct corps me soit l'asseuré Bastion
Contre le dur assaut de l'impure action,

Et qui rende de tant ma force renforcée,
Que du peché la force en demeure forcée.

    Monſtres Tartareans, noir venin cheu des Cieux,
Demons, qui employez voz efforts vicieux,
A banir les humains de la vie immortelle,
Rompez voz fins attrais, caſſez voſtre cautelle,
Ne faictes plus d'eſtat de voz appas charmeurs,
Pour eſbranler ma Foy, & corrompre mes mœurs:
Voicy, de mon SAVVEVR, la precieuſe Eſſence,
Qui honore auiourd'huy mon toict de ſa preſence,
M'arme aſſez contre vous, & de ſes propres mains
Combat pour ma deffence, & rend voz effors vains:
Ce meſme DIEV vainqueur, qui eſclatant de gloire
Fit trembler le cahos de voſtre maiſon noire,
Qui triomphant de vous, & rompant voz liens,
Deliura de voz fers les Peres Anciens,
Faict ſa demeure en moy, arriere donc, ô peſtes,
Arriere loing d'icy, ô puiſſances funeſtes,
Loin, loin fuyez de moy, de peur que contre vous,
Ne ſoit lancé du Ciel l'effroyable courroux.

    Mais comme quelque fois quand vn affable Prince
Quitte le doux ſeiour de la riche Prouince,
Pour vn de ſes ſubiets doucement viſiter,
On voit deça-dela les chemins eſclater
Des rengs de ſes Archers, & Soldats porte-picque,
Puis de Ducs, & Barons la trouppe magnifique
Aſſez loing de ſes flancs marche ſuperbement,
De la ſuit la Nobleſſe en ordre, tellement
Que celuy qui reçoit l'honneur de ce voyage,
 ◆ S'eſtimant bien-heureux d'auoir veu le viſage

,, Du Prince visiteur, ha le contentement
,, De receuoir aussi le doux embrassement
,, De tant de grands Seigneurs, en ceste suyte encore
,, Qui du Prince depend, de plus en plus l'honore:
  De la mesme façon, ô des Roys Roy puissant,
,, Plaise toy m'honorer, car puis qu'en moy descend
,, Ta Maiesté supreme, & que sans mon merite
,, Se demettant trop bas mon âme elle visite,
Rends-moy participant, & de bien, & de l'heur,
Qui adhere tousiours au trein de ta grandeur:
Et à l'honneur qui part du Roy qui me visite
Adiouste encor' l'honneur, qui prouient de sa suyte.
  Donne donc, que pour suyte, ô Pere tout-clement,
Ie tire de l'accez de ce grand Sacrement
Le repos, le chemin, la force, l'asseurance
En ma vie, en mes mœurs, en bien-faicts en souffrance,
La ferueur le plaisir, l'espoir, la fermeté
En vertu, au vray-bien, au Ciel, en pieté,
L'amitié, le mespris, & la hayne profonde
De mon prochain, de moy, du miserable monde,
Le rampart, le bouclier, l'inexpugnable fort
Contre l'horrible Enfer, le peché, & la mort:
Bref fay que ton sainct Corps me soit la ferme eschelle,
Pour monter au pourpris de la gloire Eternelle.
  Ce pendant que fais-tu, ô mon ame, qui sens
De ce repas diuin tant d'effects si puissans?
Ie sçay que la grandeur de ce bien indicible
Te priue d'action, & te rend insensible,
Mais si tu ne peux-pas ou agir ou parler
Faicts ny dits, que l'on puisse à ton heur égaler,

Au-moins diſpoſe toy par action frequente
De receuoir le bien de l'Hoſtie innocente,
Vien, ne te laſſe pas, vien ſouuent rechercher,
Au ſacré-ſainct-Autel la ſalutaire chair,
Reçoy ſouuentesfois du REDEMPTEVR l'Eſſence,
Pour de tant plus ſentir l'effect de ſa puiſſance,
,, Car du celeſte Pain la frequentation,
,, Porte aux reiterans telle operation,
,, Que tirant de leurs cœurs la vicieuſe craſſe,
,, Elle les comble d'heur, de vertu, & de grace.
    Mais las! ie n'en puis plus, ô SEIGNEVR, car ton feu
S'embrazant dedans moy conſume peu-à-peu
Mes panthelans poulmons, & mon aride langue,
C'eſt fait, ie ſens faillir mon cœur, & ma harangue.
    Mais quoy? en ce deffaut permets pour ceſte fois
Que de mes flancs ie pouſſe encore ceſte vois,
Qui de long temps conceuë à parler me conuie.
    En ma mort, en mon vice, en naiſſance, en ma vie,
Par ta Croix, par ton ſang, par mon eſtre, & ta Loy,
Tu te rends mon SAVVEVR, Medecin, DIEV, & Roy,
Mourant, purgeant, creant, & me reglant encore:
Mais tu fais encor plus quand ce banquet m'honore,
Car pour nourrir mon ame, ô DIEV, il ne te plait
Me preſenter du miel, ou du ſucre ou du laict,
Ains, me liurant le mets de ton corps ſalutaire,
Tu te monſtres d'effect mon Pere debonnaire,
Quand par l'Hoſtie à moy ton Eſſence ſe ioint,
Et ta chair s'incorpore en moy, lors de-tout-point
Tu te fais mon eſpoux, doux, cher, & delectable:
    Te rendant doux, & Pere, & eſpoux par ta table,

Donne moy les effects, d'vn pere, & d'vn espoux,
Pere sois moy tousiours par tes alimens doux,
Sois moy tousiours espoux adherant à mon ame,
Tant-qu'au cours de ma vie, & au bris de ma trame
Tu me sois, me tenant au sainct trac de ta loy,
Mon SAVVEVR, Pere, espoux, Dieu, Medecin, & Roy.

Fin de la seconde partie.

Ou le Chrestien se console portant la
croix de son afflictiõ, prie pour le repos
de l'Eglise, inuoque les Saints, intercede
pour les trespasses, et considere la mort

XV

I

LES DEVOTS ELAN-CEMENS DV POETE CHRESTIEN.

PARTIE III.

CONTENANTE

1.
La consolation du Chrestien affligé,
à soy-mesme.

2.
La subuention du Catholique au repos de
l'Eglise en temps d'Heresies.

3.
L'inuocation des Ames bien-heureuses.

4.
L'intercession pour le soulagement des
Catholiques deffunts.

5.
La consideration de la Mort.

LA CONSOLATION
Du Chrestien affligé à soy-mesme
I de Weert f
Afflictus sui et humiliatus sum nimis. Psal.

XVI

LA CONSOLATION DV
CHRESTIEN, AFFLI-
gé à soy-mesme.

1.

LE Pilote voyant le Ciel, l'air, & la Mer,
Foudroyer tout-à-coup, s'obscurcir, escumer,
Loin du-port par esclairs, par nuës, par orage,
Qui cognoist le Nocher, les voiles, le vaisseau
Succombans à l'effort, du Ciel, des vents, de l'eau,
N'attendre que la mort, le bris, & le naufrage,

2.

Bien, que leuant au Ciel son visage esploré,
Il soit en ce danger du tout desesperé,
Reprent courage en-fin, alors que sur la Hune,
Sur l'esbranlé Tillac, ou la proüe il peut voir
Parmy l'obscurité du tourbillon plus noir,
Des saincts feus calme-flos la lumiere opportune:

3.

Tout ainsi embarqué sur la mer de douleurs,
Battu des flos de dueil, des vagues de malheurs,
Et de l'affliction sentant le dur orage,
Puis-que le doux feu luyt de ta grace sur moy,
Qui parmy tant de maux me fait courir à toy,
SEIGNEVR, ie sens desia croistre vn peu mon courage:

I 3

4.

Aussi las! est-il temps qu'en ceste extremité
Tu sois l'Asile seur à mon infirmité,
Toy qui és des vexez le refuge supreme,
Car las! ie n'en-puis-plus, mes maux grands, & diuers
M'accablent soubz les fais, & en tout l'Vniuers
Nul mal extreme n'est, si mon mal n'est extreme.

5.

Tout le mal me suruient, qui n'estoit attendu,
Tout le bien, dont i'estoy possesseur, est perdu,
Et rien ne reste en moy que les douleurs ameres,
Car l'amas de mal'heur est sur moy amassé,
Le Ciel dessus mon mal à tout mal entassé,
Ma misere contient vne mer de miseres:

6.

Ie suis priué d'honneur, foulé des ennemis,
Despoüillé de mes biens, laissé de mes amis,
Et d'extremes douleurs ma chair est tourmentée,
Mon sang est sans chaleur, mon œil ne veut pleurer,
Ma voix ne veut gemir, ny mon cœur souspirer,
L'action de mes sens par mon mal est ostée.

7.

Ie suis tant esperdu en mon affliction,
Qu'a peine ie reçoy la consolation,
Comme estant ma langueur de remede incapable,
Mesme la palle mort, qui a tous animaux
Est le supreme effroy, comme fin a mes maux,
Ne me sembleroit rude, ains douce, & souhaitable:

8.

Mais helas! qu'ay-ie dit, ô bon DIEV, c'est la chair,
Qui me faict ces propos brutalement lascher,
Faire encor elle veut cest esclat de parole,
O SEIGNEVR bride la, puny la de prison,
Et dans mon ame loge en son lieu la raison,
Afin qu'en mon malheur son aide me console.

9.

Celuy-la, qui poché de l'vn & de l'autre œil,
Est droictement posé aux rayons du Soleil,
Dira-il qu'il iouyt du grand flambeau du monde?
Non, il ne verra rien, car ses aueugles yeux
Affirmeront, touchez du plus clair feu des Cieux,
Qu'ils sont dans l'espesseur de la nuict plus profonde.

10.

Ainsi par le bandeau de mon aduersité
Ie me sens obscurcy de telle cecité,
Qu'opposé au plain iour i'ay ma veüe sans veüe,
Ie suis tant aueuglé, tant stupide, & brutal,
Que ie ne peux iuger ce mien mal estre mal,
Car ma calamité de moy n'est pas cognüe:

11.

O DIEV, dessille moy, oste moy ce bandeau,
Dissipe ceste nuict par ton diuin flambeau,
Fay moy ce que ie souffre ouuertement cognoistre,
Hé DIEV, ie voy desia ce brouillart decoulé,
Mes yeux sont cler-voyans, mon cœur est consolé,
Ie voy la qualité de ma peine paroistre:

I 4

12.

Ha! que i'estoy trompé de croire fermement,
Que ce que l'homme souffre en terre de tourment
,, Soit en essence mal, le mal de sa nature
,, Ne touche que le vice: à la vertu conuient
,, Le venerable nom du bien , & de la vient,
,, Que tenir ie ne dois pour mal ce que i'endure?

13.

C'est vn arrest donné au grand conseil des Cieux,
Que l'ame ayme-vertu, & le corps vicieux,
Semblent au contrepoix d'vne iuste balance,
Desprimez-vous l'esprit? le corps se haussera,
Abbaissez vous le corps? l'esprit se dressera,
Car quand l'vn tient le bas, l'autre dans l'air s'eslance,

14.

Or tout cela qui rend nostre corps deprimé,
Ne doit, & ne peut pas estre mal denommé,
,, Ce baisse contre-poix sert à l'ame d'vne aisle,
,, Le lugubre accident de quelque affliction,
,, Au corps trop-fretillant est la depression,
,, Ce ne sera donc mal ce que mal on appelle:

15.

Le fieureux, qui genné d'incroyable douleur,
Sent or' l'extreme froid, or' l'extreme chaleur,
Aura-il la raison tellement desuoyée,
Que denigrant son bien, il ose appeller mal
Le remede aualé du suc medicinal,
Par qui est la santé à son corps renuoyée?

16.

Et si l'humain trauail est le medicament,
Qui éuuide le mal de nostre entendement,
Le faut-il mal nommer? s'il espure de crasse
Nostre mal-net esprit, s'il est frein du peché,
Si l'effort de la chair est par luy empesché,
Le nom du mal en luy pourra-il trouuer place?

17.

Et quoy? ay-ie le cœur si vilement abiect,
Que i'ose en ce destroit l'armoyer sans subiect,
Publiant par mon dueil ma venteuse inconstance,
Ne dois-ie pas au-moins icy me souuenir
Que rien ne peut à l'homme en ce monde obuenir,
Sinon quand DIEV le veut, ou en donne licence?

18.

Ne sçay-ie pas aussi que le grand Createur,
Comme infiniment bon, est de l'homme amateur,
Que son salut il veut, que son bien il procure,
Et que quand il le poind de quelque aduersité,
Il le met au chemin de la felicité,
Luy gardant plus de bien que de peine il n'endure?

19.

Vrayment il est certain que la vexation,
Est le supplice deu à l'iniuste action,
Car tousiours le peché est suiuy de vengeance,
Ou bien si quelque fois l'immense Deité
Darde contre les siens quelque aspre aduersité,
C'est pour faire en cela l'essay de leur constance:

20.

Si donc pour mes forfaicts reprimer iustement,
DIEV, le grand-DIEV sur moy à dardé ce tourment,
Me faut-il par ma plainte empescher sa iustice?
Helas! n'appert-il pas que mon iniquité
Un fleau plus rigoureux cent fois à merité,
Et que mon demerite excede le supplice?

21.

Et si ores il plaist à la Diuinité
Me touchant de sa main, sonder ma fermeté,
Moy-mesme me faut il priuer de ce merite?
Ne pourray-ie à ce coup mon effort amasser,
Pour endurant mon fleau, à la fin m'aduancer
A un loyer si grand pour peine si petite?

22.

Soit donc que ce tourment tu vueilles m'enuoyer
Ou pour punir mon crime, ou ma force essayer,
Ie t'en beny, SEIGNEVR, ie t'en loüe, & rend grace,
Ia n'aduienne, bon DIEV, que i'ose murmurer,
Car ie sçay que tu veux de ma peine tirer
L'incommutable bien, qui toute peine efface.

23.

Mais pour contre le choc de mon affliction
Asseurement armer ma consolation,
Il conuient que ta vie, ô SAVVEVR, ie contemple,
Il faut tourner mes yeux vers tes actes parfaicts,
Car tu vins en ce monde, afin que de tes faicts
L'homme tirast de viure un tout-parfaict exemple:

24.

Tu estois de toy-mesme, & tout-riche, & puissant,
Tu voulus neantmoins sur la terre n'aissant,
Bien-que vray DIEV, souffrir l'indigence, & foiblesse,
Afin-que pour se voir quelque-fois tourmenté
D'impuissante langueur, ou d'aspre pauureté
L'homme par desespoir sa pauure ame ne blesse.

25.

Tu estois dans le ciel en gloire estincelant,
Et tu voulus souffrir d'vn peuple violant
L'atroce mocquerie, & la piquante iniure,
Afin-que le Chrestien, qui voit, desconforté,
D'vn infame accident son honneur emporté,
D'vn courage esleué ces trauerses endure:

26.

Puis.ce que l'hôme au corps de tourmés peut souffrir,
Tu l'as souffert pour nous, en croix voulus mourir,
Bien-que, comme vray DIEV, tu fusses impassible,
Afin-que soubz le faix des malheurs inhumains,
Que le Ciel courousé verse sur les humains,
L'homme tienne tousiours son eschine inflexible:

27.

Bref, si ie veux ficher sur ta vie mes yeux,
Ie n'y voy que rigueur, que labeur ennuyeux,
Que trauail, que douleur, & peine pitoyable,
Tu veux donc, ô SAVVEVR, me faisant endurer
Ceste calamité, de beaucoup m'honorer,
Puis-que tu rends ma vie à ta vie semblable:

28.

Le soldat, qui suiuant vn camp Imperial,
Abandonne son corps au hazard martial,
Et qui acquiert en fin gloire par sa milice,
Ne se sent-il comblé d'vn merueilleux honneur,
Si assis a la table, il voit que l'Empereur
Luy faict toucher son plat, & boire en son calice?

29.

Si i'ay de la douleur le calice gousté,
Si tu me fais toucher au plat d'anxieté,
Dont viuant il t'a pleu tant de fois te repaistre,
Ne dois-ie pas ainsi hautement me vanter,
Receuant par ta main la gloire de taster
Le metz, dont fut repeu, & mon DIEV, & mõ maistre?

30.

Hé! qui sera celuy qui de ta saincte voix
N'entendra les doux son, quand esleuant ta croix
Tu nous inuites tous, ô SAVVEVR, à bien viure,
Venez enfans (dis-tu) quittez voz passions,
Portez la pesanteur de voz afflictions,
Venez, chargez voz Croix, & vous me pourrez suiure.

31.

Helas! seray-ie tant de paresse abbatu,
Que de ne suiure pas le chemin ia battu
De tes pieds sacré-sainct? sera las! mon courage
En si louable effort, si poltronnement-bas,
Qu'en ce trac espineux i'abandonne tes pas,
Puis-qu'en as par ta Croix ia ouuert le passage?

32.

Non nõ:ie veux, SAVVEVR, d'vn courage indomté
De ce chemin estroit surmonter l'aspreté,
Pour talonnant tes pas paruenir à ta gloire,
,, Car celuy qui ne veut au trauail s'occuper,
,, A ton sacré laurier ne peut participer,
,, Et qui ne combat point, point n'obtient de victoire.

33.

Saincts Herans du SAVVEVR, qui par tourmẽs diuers,
Auez lustré les coings de ce bas Vniuers,
Y semans la doctrine apprise en son eschole,
Et vous, dont le clair sang pour la Foy espandu
De vostre fermeté tesmoignage à rendu,
Hé! qui soüefuement vostre aspect me console!

34.

Vous estiez colloquez par la main du SAVVEVR
Sur le plus haut degré de son alme faueur,
Il permit neantmoins, pour espurer vostre ame,
Que fussiez agitez de panureté, d'exil,
D'infamie, de coups, d'angoisse, & de peril,
Mesme de mort cruelle on vous couppa la trame:

35.

Mais en tous ces tourmens gisoit vostre desir,
Tout mal extreme estoit vostre extreme plaisir,
Nul fleau ne vous touchoit, qui ne fut agreable,
,, Vous sçauiez, ô Martyrs, qu'on ne peut approcher
,, Le clair seiour du Ciel sans peine, ny toucher
,, Au bien-heureux estat, sans l'estat miserable.

36.

Faut-il donc m'enfoncer dans l'abiſme d'eſmoy
Accablé de ce fleau, ſi ie voy deuant moy
Des chers Mignons de DIEV *la trouppe ainſi traictée?*
Ne dois-ie m'eſtimer en honneur flamboyant,
Comme rendu eſgal aux bien-heureux, voyant
Que DIEV *comme la leur mon ame à viſitée?*

37.

Sainct Paul, d'election le vaiſſeau precieux,
Qui fauorablement enleué dans les Cieux,
Vit à l'œil les ſecrets des plus diuins myſteres,
Se pennade endurant le froid, la pauureté,
Se plaiſt d'eſtre moqué, captif, banny, foüetté,
Et n'eſtablit ſa gloire ailleurs qu'en ſes miſeres:

38.

Ces Peres, qui boüillans d'vn non-mourant deſir
De l'Eternel repos, pour du charnel plaiſir
Retrancher de tout-point la dangereuſe amorce,
Les plaiſantes Citez ne quittoient ſeulement
Pour entrer aux deſerts, mais de leur mouuement
Ils attiroient à eux l'affliction par force.

39.

Par force ils attiroient le tourment eſpineux,
Car leur chair souſtenoit le Cilice peneux,
Soubs les coups gemiſſoit leur eſchine ſanglante,
Ils enduroient la faim, la ſoif, la nudité,
Mais pour tenir au Ciel leur courage arreſté,
Ils trouuoient en ces maux toute peine plaiſante.

40.

Et moy, qui pour payer la peine à mon peché,
De la main du grand DIEV suis iustement touché,
Ne pourray-ie ce fleau pour mon bien à gré prendre?
Si rien auec les Saincts ie ne peux endurer,
Quel fruict de leur exemple or pourray-ie tirer,
Ne souffrãt poït leur mal, leur biẽ pourray-ie attẽdre?

41.

Vous, qui repeus du miel de la prosperité,
Ne goutastes iamais le fiel d'aduersité,
Qui voyez le bon-heur passer vostre esperance,
Qui auez opulents, esleuez, gays, resous,
En voz coffres, en court, en voz cœurs, enuers tous,
La richesse, l'honneur, la ioye, & la creance.

42.

Las! qu'en vostre heur charnel ie trouue de malheur,
Qu'en vostre aise masqué i'aperçoy de douleur,
En ce glissant chemin si vous courez sans bride,
„ Le cours non-intermis de la prosperité
„ Ne donne point d'entrée à la felicité,
„ Les yeux il creue à l'hõme, & aux tourmẽs le guide.

43.

Hé! si vous ne voulez vous-mesmes vous tromper,
Soyez au moins, soigneux, mes freres, d'attremper
Vostre heur accidental d'vn mal-heur volontaire,
Vous mesmes mattez-vous, & bridez sainctement
Par austeres bien-faicts vostre chair, autrement
Ce bon-heur ne pourra vous estre salutaire:

44.

Le chaux n'opere point, & soubs l'amas pierreux
Paresseuse, retient son effect chaleureux,
Quand de l'eau froid'-humide elle n'est point touchée,
Mais lors qu'elle sent l'onde, aussi tost elle bout,
Elle fume, petille, opere, & se dissout,
Et d'escourre sa force auparauant cachée :

45.

,, Ainsi l'homme endormy de la prosperité,
,, Ne produict point d'effect digne d'estre exalté,
,, Car il priue, engourdy, sa vertu de matiere,
,, Mais est-il esueillé d'vn coup d'affliction ?
,, Viste-il part de la main, il entre en action,
,, Et faict de sa vertu paroistre la lumiere.|

46.

,,   L'or ne peut arriuer au point de sa valeur,
,, S'il n'endure l'effort d'vne extreme chaleur,
,, S'il n'est ietté, fondu, & cuit dans la fournaise,
,, L'homme ainsi ne peut pas estre au Ciel couronné,
,, Si pour perdre sa crasse, & se rendre affiné,
,, Il ne souffre le feu d'angoisse, & du mal-aise.

47.

,,   Saincte cause de gloire, heureuse aduersité,
,, Nourrice de vertu, mere de pieté,
,, Vray sentier des esleus, compagne de la grace,
,, Eschole du bien-faict, claire eschele des Cieux,
,, Contentement des bons, & frein des vicieux,
,, Hé ! de qu'elle ferueur maintenant ie t'embrasse !

Mais

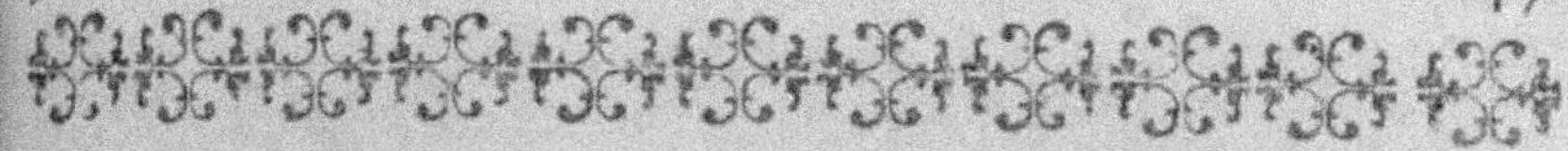

LA SVBVENTION DV CA-
tholique au repos de l'Eglise, en
temps d'Heresies.

1.

Lambeau, qui luis sãs-fin, duql la douce flâme
La crasse de noz cœurs consume doucement,
Qui dissipant la nuict de tout aueuglement
Des rays du pur amour illumines nostre ame,

2.

DIEV, autheur d'vnion, dont la voix debonnaire
Au ioug de Charité nous commande venir,
Pour assemblez en-vn, soubs ta grace tenir
Du repos Eternel le chemin salutaire:

3.

Rend ferme mon esprit, ma bouche enlangagée,
Et mes mots rauissans, donne moy le pouuoir
D'accomplir dignement ce loüable deuoir,
Dont mon ame ie sens vers l'Eglise obligée:

4.

De l'estat Clerical la force reguliere
De mon ame ça bas conduict le gouuernail,
Et puis qu'à mon bien tend son loüable trauail,
Ie luy dois subuenir du moins par ma priere.

5.

Tourne donc, ô SAVVEVR, ton aspect fauorable
Pour ton Espouse voir esclatante en beauté,
Contemple son beau teint, sa douce grauité,
Son œil estincelant, & sa grace admirable:

6.

C'est ceste Eglise pure, incomparable, & saincte,
Qui sert d'aliment clair, & d'Eternel seiour,
A ta plus viue flame, à ton plus doux amour,
Car d'autre ardeur vers nous ton ame n'est atteinte.

7.

C'est elle, qui du coup du vieil Adam blessée,
Aux bouïllons de ton sang sa'naurure laua,
Et qui iusques au Ciel par ton aide esleua
Tous ceux, qui, comme il faut, sa mammelle ont succés.

8.

C'est ce grand bastiment, qui en riche matiere
Toute structure passe, & en rare façon,
C'est ce brillant palais, dout tu és le Masson,
Qui sur le fondement ha sainct Pierre, pour pierre:

9.

C'est l'espouse qui a, pour dote incomparable,
Le nom-pareil ioyau de ton Corps precieux,
Grand ioyau, qui nous est en ces terrestres lieux
De ton amour extreme vne marque admirable:

10.

C'est la vierge qui tient de ta main debonnaire
L'inestimable prix des riches ornemens,
Dont brillante elle luyt, car des saincts Sacremens
Elle porte sur soy le tresor septenaire:

11.

C'est le branlant vaisseau, qui souuent par l'orage
Se treuue sur les flos iusqu'aux nües poußé,
Et tantost iusqu'au fond par les vents r'abaißé,
Mais, qui ferme, ne peut iamais faire naufrage:

12.

C'est des enfans de Foy la loyale assemblée,
Qui soubs le grand Pasteur contre l'erreur s'inscrit,
Et pour Phare suiuant les rays du sainct Esprit,
De la nuict des erreurs ne peut estre troublée.

13.

Ainsi on ne voit rien en l'Eglise immortelle
Que grace, que beauté, que richesse, & grandeur,
Car si en l'Vniuers on voit quelque splendeur,
C'est splendeur reluit en ton espouse belle.

14.

Mais, helas! des croyans ceste Mere honorée,
Demeurant pour soy-mesme en estat glorieux,
Pour seruir de supplice aux hommes vicieux,
Peut de Dieu loing-de nous estre ailleurs transferée:

15.

Helas! nous en voyons ores trop d'apparance,
Ce vaisseau soubs vn Ciel tristement irrité
Est des flots & des vents tellement agité,
Que de le voir surgir presqu'on perd l'esperance.

16.

De cent broüillons cerueaux les crües fantasies
Tachent des Peres saincts censurer les escrits,
Et l'infidele camp de mille errans esprits
Combat contre la Foy par folles heresies:

17.

Du vray culte de Dieu le sentier Catholique
Est las! en nostre temps rarement frequenté,
Pour suiure de la chair l'esclaue liberté
Maint sot peuple se range au ioug de l'Heretique:

K 3

18.

He' ! DIEV, que faictes-vous: pauures ames seduites!
Que faictes-vous helas! ô esprits desuoyez,
Tout-beau! ne courez-plus, faictes-ferme, & voyez
Quel estrange mal-heur suit voz voyes maudites:

19.

Las! auez-vous le cœur de quitter ceste Barque
Qui de vostre salut est l'assuré vaisseau,
Ne cognoissez-vous pas que flotant dessus l'eau,
En ses voiles elle à mainte infaillible marque?

20.

He' ne voyez-vous pas ceste Espouse diuine
Sur soy tousiours porter empreinte l'vnité,
Et qu'aussi-tost que DIEV son rameau eut planté
Elle fut vne en Chef, & vne en sa doctrine?

21.

Vne elle est en son Chef, vn seul Chef la gouuerne,
Qui d'ordre entre-suiuy son siege à possedé,
Vn Pape à l'autre Pape à tousiours succedé
Depuis le Porte-Clef, iusqu'au Pasteur moderne:

22.

En doctrine vne elle est, car elle est immuable,
Le temps changer n'a peu sa ferme verité,
En mesme estat de Foy elle a tousiours esté,
Et se treuue en tout âge à soy-mesme semblable:

23.

Elle est vniuerselle, & seule Catholique,
Car le mesme Euangile entre nous épluché,
Fut iadis creu de cœur, & de bouche presché
En l'Asie odorante, & en la chaude Aphrique:

24.

Le salutaire son de la saincte Parole
De tout cest Uniuers les coings à penetré,
Et pour tout accomplir en noz iours est entré
Dedans l'vne, & l'autre Inde, & soubs le croisé Pole.

25.

Elle est saincte de soy, saincte en sacrés Oracles,
Saincte au sang des Martyrs, saincte en ses Confesseurs,
Saincte aux subtils escrits de ses sçauans Docteurs,
En ses Conciles saincte, & saincte en ses Miracles:

26.

Chez elle, non ailleurs, le constant Exorciste
Chassé des corps humains le Demon irrité,
L'amy de DIEV enuoye aux malades santé,
Resuscite les morts, & les Riuieres siste.

27.

Mais vostre secte helas! n'a point telles parures,
C'est vne opinion exempte d'vnité,
Qui, nouuelle combat la saincte Antiquité
Et par faux arguments, & par fausses iniures.

28.

On la voit seulement en quelque coing de terre,
L'autheur ne peut monstrer succession, ny rang,
Pour miracles elle à la luxure, le sang,
Les blasphemes, le feu, la ruïne, & la guerre:

29.

Hé! retirez-vous donc de si affreux abysmes,
Ia pour vous receuoir l'Eglise ouure son sein,
Elle à pour vous guerir l'Emplastre dans la main,
Et l'eau du sainct Pardon, pour y noyer voz crimes.

30.

Mais las! ie crie en-vain, en-vain, las! ie m'efforce,
Les vns contre mon chant se ferment obstinez,
Autres sont à regret à l'erreur enchesnez
Par les appas mondains, ou la charnelle amorse.

31.

Il faut pour soulager le tranail de l'Eglise,
Non de terre emprunter le secours, mais des Cieux:
Il faut dressant vers toy, & mon cœur, & mes yeux
Continuer, ô DIEV, ma deuote entreprise.

32.

Quoy donc? l'éhonté front de la paillarde infame
Osera s'esleuer deuant ta saincte Foy!
Et s'armant de l'effort d'vne nouuelle Loy,
Par fer perdra noz corps, & par erreur nostre ame?

33.

Et l'Eglise, qui luyt d'vne esclatante grace,
A qui son grand espoux faict part de sa grandeur,
Verra pallir son teint, obscurcir sa splendeur,
Et de regret couler les larmes sur sa face?

34.

Las! sois recors, bon DIEV, qu'vn corps il t'a pleu pre-
Qu'il t'a pleu sur la Croix le sentir estendu,   (dre
Voir tes membres percez, & ton sang espandu,
Le tout, pour le salut à ton Eglise rendre:

35.

Et si de ton Eglise, helas! nous faisons perte,
Quel fruict ressentira nostre posterité
De tes maux, de tes coups, de ta Natiuité,
Pour elle vainement seroit ta mort soufferte:

36.

Soit, las! par toy, SAVVEVR, la memoire reprise
Et de ta propre mort, & de ton propre sang,
Des Peres sois records, qui ont de rang en rang,
Semé les premiers grains, entre nous, de l'Eglise:

37.

Seroient donc sans effect de si grands personnages
Les actes, les escris, les sermons, les douleurs,
Seroit vaine leur mort, inutils leurs labeurs?
Quel fruict resulteroit de si parfaicts ouurages?

38.

Vous, ô vous, beaux esprits, vous, ô heureuses ames,
Qui plantastes iadis de la Foy les rameaux,
Et desquels parmy nous sont les riches tombeaux,
R'allumez à ce coup voz charitables flames:

39.

Il est temps ou iamais, que voz douces prieres
Tirent de leur effort l'attrait plus attrayant,
Et le lien plus-fort, pour du Grand-foudroyant
Attirer la pitié, & lier les coleres:

40.

On en veut au plus beau de voz œuures passées,
On en veut à voz faicts pour l'Eglise employez,
Priez pour vostre cause, & prians, foudroyez
Les trouppes des peruers contre vous amassées:

41.

Il est indubitable, ô SAVVEVR, que les hommes,
Par infinis pechez offencent ta bonté,
Et que tel est l'amas de nostre iniquité,
Que de ta saincte Foy trop-indignes nous sommes.

42.

Nous confeſſons helas! que toute choſe ſaincte
Eſt polluē entre nous, & que noſtre forfaict
Couure tout noſtre bien, & qu'on voit en effect
Par noz enormitez l'Egliſe preſque eſteinte,

43.

Mais, helas! ô SAVVEVR, ne prens de ta Iuſtice
Aduis en ce procez, reçoy pour aſſeſſeur
En ton ſainct Tribunal ta benigne douceur,
Et ſuy ſon doux conſeil en iugeant noſtre vice,

44.

S'il te plaiſt noſtre cauſe entendre en Audience,
Donne nous pour teſmoin ta ſaincte humanité,
Pour Greffier au procés vſe de ta bonté,
Et fay dicter en fin l'Arreſt par ta clemence:

45.

Tu troueras, SEIGNEVR, qu'encor tu ne dois prĕdre
Le plus rigoureux fleau, pour bannir d'entre nous
Ta ſalutaire Foy, car tel n'eſt ton courroux,
Que ſon effect encor tu ne puiſſes ſuſpendre:

46.

Si on voit dominer ſur ton peuple l'offenſe,
On peut neanmoins voir quelque Loth en bonté,
Hé! ne pourra donc pas des bons la pieté
Pour quelque peu de temps retarder ta vengeance?

47.

Puis, ſi le ſainct deuoir de ta ſaincte iuſtice,
De noz crimes ne peut endurer le fardeau,
Et qu'il faut que le poix de ton courroucé fleau
Face par le tourment ployer noſtre malice:

48.

Ca-çà de tous mal-heurs tourne vers nous la rage,
Fay, ô bon DIEV, le Ciel, la terre, l'air, la Mer
Foudroyer contre nous, mouuoir, bruire, escumer,
Par esclairs, tremblements, tourbillons, & orage:

49.

Tous maux en nostre endroit seront peine sans peine
Misere sans misere, & tourment sans tourment,
Moyennant qu'il te plaise, ô Pere, seulement
Nous maintenir vassaux de ton sacré Domaine:

50.

L'Eglise est le chemin, qui vers le Ciel nous dresse,
L'Eglise est nostre fort, & nostre Boulleuart,
Et si l'Eglise ailleurs loin-de-nous se départ,
Où sera nostre Fort, ou prendrons nous addresse?

51.

Nous auons, studieux, apris en ton Eschole
Que l'Eglise veincra tout l'effort de l'Enfer,
Et si vers nous l'Erreur peut l'Eglise estouffer,
Comment pourrons nous voir l'effect de ta parole?

52.

Si l'Eglise il t'a pleu d'vn si grand artifice
Planter sur le plus dur de l'asseuré rocher,
Hé! pourquoy maintenant voudrois-tu l'arracher,
Et razer les beautez de ton propre Edifice?

53.

Las! tu as secouru au milieu de l'orage
Ce vaisseau qui voguoit par les vents agité:
Et permettre veux-tu qu'il soit tant tourmenté,
Qu'en-gouffré, il perisse en noz iours par naufrage?

54.

Si d'vn iuste courroux ta poitrine saisie
N'a peu contre ta Foy les Siecles supporter,
Pourquoy souffriras-tu vne Erreur subsister,
Qui est l'impur égoust de toute autre heresie?

55.

Quand les tiens se penoient sur l'onde courroucée,
Tu fus à leur secours esueillé promptement,
He'! maintenant veux-tu dormir profondement,
Parmy tant de clameurs de l'Eglise oppressée?

56.

Afin donc que ta Foy en repos soit remise,
Qu'elle puisse à ce coup tous ses maux escarter,
Daigne la par ta grace, ô SAVVEVR, visiter
Tant qu'au point de sa fleur ton aide la reduise,

57.

Ce tant auguste Chef, duquel la residence
Rome embellist trop-plus que le Monde domté,
Ce supreme Pasteur des Enfers redouté
Soit en grace aussi grand, comme il est en puissance:

58.

Pour ouurir & fermer du Ciel les sainctes portes,
Puis-que ta main çà-bas ton Vicaire l'a fait,
Rends-le, si-grand, si-bon, si-sainct, & si-parfait,
Qu'il soit voye aux perdus, & vie aux ames mortes:

59.

Soit de ses Assesseurs la trouppe purpurine
Cler-voyante en conseil, innocente en ses mœurs,
Feruente en son deuoir, lasche és mondains honneurs,
Insigne en pieté, & brillante en doctrine:

60.

Rend de toutes vertus leur vie tant éprise,
Que ceux, qui leur honneur censurent, enuieux,
Confessent à regret, qu'en leurs faix vertueux
Ils se monstrent d'effect vrais pilliers de l'Eglise:

61.

Bref, reforme si bien de ton Clergé la vie,
Que tout scandale prins pour eux soit abbatu,
Que vers le peuple estant l'exemple de vertu,
Ils l'instruise de voix, & de mœurs l'edifie:

62.

Fay naistre quelque esprit, qui foudroye, qui tonne,
Qui braue, qui esclate au secours de ta Loy,
Qui esleue si haut l'estandart de la Foy,
Que l'Heresie en meure, & l'Enfer s'en estonne:

63.

Donne, qu'au cœur des Roys l'Eglise se conserue,
Que pour la maintenir ils soient prompts au combat,
Qu'ils facent de la Foy dependre leur estat,
Et non pas qu'a l'estat soit la saincte Foy serue:

64.

Pren pitié, doux SAVVEVR, de ceste populace
Qui courant à l'Erreur son salut à quitté,
Et rompant de son cœur la pertinacité,
Touche-là de ta main, & l'esleue à ta grace:

65.

Lasche le iuste-frein de ton ire effroyable
Sur l'iniuste ennemy contre toy coniuré,
Permets que son forfaict si long temps toleré
Ne te rende plus Pere, ains Iuge inexorable.

66.

Ainsi à ton Eglise estant la paix rendue,
Tant plus vers nous sera ton honneur exalté,
Tant plus s'eslevera des bons la pieté,
Et tant-plus-loing sera ta parole espandue.

67.

Et lors ton peuple vny en foy, & franc de crainte,
Laissera pour iamais le trac des vicieux,
Et d'vn ton esclatant fera voler aux Cieux
Les Hymnes consacrez à ta Maiesté saincte.

Ad aliquem sanctorum conuertere. Iob. 5.

I. de Weert f.

XVIII

L'INVOCATION DES AMES BIEN-HEV-reuses.

I.

Lamboyans Citadins de la voute estoillée,
Qui francs des passions de la sombre vallée,
Iouyssez bien-heureux, de l'aise supernel,
Inuincibles Soldats, qui exempts de la peine,
Que ça-bas l'homme souffre en ceste guerre humaine,
Brillés ores des rays du triomphe Eternel.

2.

N'est-il pas temps en-fin, ames sainctement-belles,
Qu'enleue par le vol de mes legeres aisles,
Ie me guinde vers vous? n'est-il pas ores temps
Que de ce chant deuot ma Muse vous saluë,
Et que portée au Ciel sur le clair de la nuë
Elle ait cest heur de voir voz Lauriers esclatans?

3.

He'! voyez beaux esprits, quelle affection forte,
Quel vif entousiasme à vous prier la porte,
Voyez qu'elle à le cœur enflé de vostre los:
Aussi nostre mal-heur nous sert d'ample matiere,
Pour addresser à vous, ô SAINCTS, nostre priere,
Ayans le mal au cœur, & le fleau sur le dos:

L

4.

Car helas! nous sentons noz ames tant preßées
Et des tourmens presens, & des douleurs paßées,
Qu'a peine pouuons-nous maintenant respirer,
C'est pourquoy il nous faut, ô secourables Peres,
Pour à ce coup finir noz estranges miseres,
La benigne faueur de vostre ayde implorer:

5.

Vous cognoißez les flots de la Mer de ce Monde,
Vous sçauez quels dangers on rencontre sur l'Onde,
Quel est l'ire du Ciel, quel est des vents l'effort,
Comme hommes, vous pouuez auoir la souuenance
De ce que l'homme porte icy bas de souffrance,
Car vous l'auez souffert auant qu'entrer au port:

6.

Et comme vn homme accort, qui poußé de fortune,
Acquiert d'vn Roy puißant la faueur opportune,
Voyant que son amy en la necessité
Implore son credit, faict vn effort extreme
Vers le Roy pour l'ayder, car il sçait que luy-mesme,
Vn semblable trauail autresfois à porté.

7.

Ainsi croire il conuient, ô Escadre luisante,
Que de noz maux ayans memoire suffisante,
Vers le grand Roy du Ciel vous porterez noz vœux,
Et qu'ayans autresfois courru mesme fortune,
Paßé mesmes dangers sur le mesme Neptune,
Vous ne serez de nous dans le port oublieux.

8.

C'eſt donc, Perles du Ciel, c'eſt donc choſe certaine,
Qu'exempts d'infirmité, de langueur, & de peine,
Vous viuez dans les Cieux heureux infiniment,
Que comblez du plaiſir, qui tout plaiſir ſurpaſſe,
Vous contemplez de DIEV l'eſtincelante face,
Sur l'eſtage plus haut de l'Aſtré firmament:

9.

Il faut auſſi tenir pour verité notoire,
Que iouyſſans de l'heur de la celeſte gloire,
Par l'ineffable aſpect de l'eſſence de DIEV,
Vous cognoiſſez l'eſtat des actions humaines,
Vous ſçauez la plus-part des ioyes, & des peines,
Qui bigarrent le rond de ce terreſtre lieu:

10.

Car, ſoit-que fichant l'œil ſur l'Eternelle eſſence,
De ce qu'eſt fait ça-bas vous ayez cognoiſſance,
Comme en vn grand miroir à vous repreſenté,
" D'autant que toute choſe eſtant en DIEV encloſe
" Comme grand Tout du Tout, celuy voit toute choſe,
" Par la reflexion, qui voit la Deité.

11.

Soit que vous appreniez tout l'eſtat des affaires
Qui ſe font entre-nous, par les ſaincts miniſteres
Des celeſtes Courriers, qui pour mettre en effect
La voix du Tout-puiſſant, ce bas monde viſitent,
Et renolans au Ciel, plainement vous recitent,
Ce qu'ils ont veu pour vous ſur la terre eſtre faict:

12.

Soit que partant d'icy les ames des fidelles,
Portées auec vous aux clartez Eternelles,
Vous facent de noz faicts le rapport gracieux,
Et qu'à coup vous sçachiez par leur voix delectable,
Ce qu'arriue de beau, de laid, où de notable
Qui vous peut concerner, en ce val vicieux:

13.

Soit que par vn moyen à l'homme imperceptible,
Quand il en est besoing le Monarque impassible
Vous face voir noz maux, & noz cris escouter,
Afin-que desployant ses mains miraculeuses,
Par l'estonnant effect des œuures merueilleuses,
Il face son honneur par le vostre esclater:

14.

Il faut sans estriuer, ô clairs flambeaux-de-gloire,
Il faut dire de bouche, & de cœur il faut croire,
Que noz plaintiues voix seulement n'entendez,
Mais bien que par l'aduen de l'ineffable Essence,
Paroissans quelques-fois en visible presence,
Au plus aigre destroit de noz maux nous aydez.

15.

Et Toy, qui suiuant d'Enfer les bannieres moysies,
T'enrolles dans le camp des vieilles heresies,
Pour faire iniuste guerre au iuste hōneur des SAINCTS,
Las! ne cognois-tu pas tes fureurs erronées
Estre des Peres Saincts tant de fois condamnées,
Comme impies erreurs, & blasphemans desseins?

16.

Hé ! pourras-tu nier que quand la penitence
Espure des pecheurs la sale conscience,
Les Anges d'allegresse en bondissent ioyeux,
Et penses-tu les SAINCTS n'auoir le benefice
Et de ceste allegresse, & de ceste notice,
Puis-que comme Anges clers ils viuent dans les Cieux?

17.

Abraham cognoistra la peine du Lazare,
Et les trop-grands plaisirs de l'Opulent barbare,
Dont ils auoient iouy tous deux viuans ça-bas:
Et les SAINCTS encernés de flames trop plus-claires,
Que ne voyoient iadis aux Lymbes les vieux Peres,
Cognoissance des faicts des hommes n'auront pas?

18.

Le Prophete esclairé d'vne grace abondante,
Peut voir d'vne Prouince infiniment distante,
Bien-qu'absent, ce qu'aduient en l'autre Region,
Peut voir ce qui se faict és Indes bazanées,
Et du Peru doré cognoistre les menées,
Bien-qu'il tienne entre nous son habitation,

19.

Le sainct Diacre encor garny de ceste vie,
Du SAVVEVR triomphant vit la gloire infinie
Peu-auant-que sentir les lapidantes mains,
Et si l'homme à ça-bas cognoissance si belle,
N'aura-il le credit dans la Court immortelle,
De cognoistre l'estat des negoces humains?

20.

Ce riche, qui iecté dans l'horrible fournaize,
Pour souffrir le tourment digne d'vn trop grand ayze,
La gouttelette d'eau demandoit, alteré,
Cognoistra au plus creux des bruslantes abismes,
De ses freres viuans l'insolence, & les crimes,
Bien que d'vn grand Chaos il soit d'eux separé:

21.

Et le Sainct cler-voyant, qui plain de toute grace,
Voit du Dieu supernel lu radieuse face,
Les actes des humains, stupide, ignorera?
Le damné donc qui sent son ame criminelle
Gemir dessoubs le fleau de la peine eternelle,
Plus que le bien-heureux, de cognoissance aura?

22.

Brillans Astres du Ciel, si viuans en ce monde,
Epris vers les mortelz de charité profonde,
Pour eux auez daigné souuent Dieu supplier,
Ne daignerez-vous-pas au point de vostre gloire,
Renouuellant és Cieux ceste douce memoire,
Vostre langue pour eux plus-souuent desplier?

23.

Auriez-vous en l'ardeur de la plus chaude guerre,
Combattu tant-de fois pour les hommes sur terre,
Leur portant par priere vn secours gracieux,
Pour tenans auec Dieu la palme de victoire,
Le sceptre de puissance, & le Laurier de gloire,
Demeurer dans le Ciel muets, & otieux?

24.

Mais tant-plus que la-haut voſtre gloire rayonne,
Tant plus dedans voʒ cœurs de vraye amour boüillõne
La ferueur enuers nous, car voſtre Charité
Vers l'homme, infiniment au Ciel eſt augmentée,
Faiſant ores ſes coups de plus grande portée,
Qu'oncques ne fit l'ardeur de voſtre humanité:

25.

Ce vehement amour, ceſte Charité tendre,
Qu'aux hommes vous porteʒ, ô beaux eſpris, engendre
Au plus creux de voʒ cœurs, vn ſoucy admiré,
Vn ſoin du tout exact, vne cure profonde
De cognoiſtre l'eſtat des affaires du monde,
,, Car le ſoin n'eſt iamais de l'amour ſeparé.

26.

Et puis ſi DIEV vous rend en la Court ſupernelle,
Participant au bien de ſa gloire Eternelle,
Voudra-il que ſoyez ſans honneur icy bas?
Vous receueʒ au Ciel des Seraphins, & Anges,
Comme mignons de DIEV, & reſpects, & louanges,
Et l'honneur à vous deu en terre n'aurez pas?

27.

Celuy qui par meſpris voſtre honneur ne procure,
Procure au Tout-puiſſant, & meſpris, & iniure,
,, Car qui vous fait honneur, honneur à DIEV il fait,
,, Et qui aux ſeruiteurs ne porte reuerence,
,, Le maiſtre par meſpris griefuement il offence,
,, Qui nuit aux fauoris au Roy nuit en-effect:

L 4

28.

Dieu comme Createur tout-puissant, impassible,
Iuste, sage, infiny, pur, incomprehensible,
D'vn culte tout-diuin est adoré ça-bas,
Mais nous vous inuocquõs comme Esprits fauorables,
Mignons cheris de Dieu, confreres secourables,
Debonnaires Tuteurs, & benins Aduocats:

29.

De tout ce que l'Eglise en soy tient de notable,
Voit on chose plus claire, apparente, & palpable
Que le secours des Saincts aux hommes enuoyé?
Outre des purs escrits les asseurés Oracles,
Peut on veoir plus grand nombre en terre de miracles,
Que quãd Dieu pour ses Saincts à son bras employé?

30.

Quiconque des Esleus les merueilles denie,
Il tient de tous ses sens la verité bannie,
Il dement, insensé, & son cœur, & ses yeux,
,, Couuant par cest erreur l'obstiné Iudaïsme,
,, Il prepare son ame au brutal Atheïsme,
,, Pour en desraciner tout soin religieux.

31.

Esclairez donc sur nous, ô diuines lumieres,
Par les rays penetrans de voz douces prieres
Chassez de noz deffaux l'espesse obscurité,
Et versez dessus nous d'vne main abondante,
Ce don inestimable, & ceste grace ardente,
Dont chacun de voz rengs excellent à esté.

32.

Archanges glorieux, indomtables puiſſances,
Radieux Seraphins, impaſſibles Eſſences,
Celeſtes combattans, & Guerriers valeureux,
Inuincibles Archers commis à noſtre garde,
Auſquels des noirs Eſprits la trouppe plus hagarde
Succombe, quand voz bras ſe roidiſſent contre eux.

33.

Daignez voir que d'Enfer les trouppes enfumées,
Et des peuples ſans foy les Barbares armées,
Taſchent d'ame & de corps à nous faire mourir,
Deſtournans tant de maux, à voz ſainctes prieres
Ioignez l'effort puiſſant de voz dextres guerrieres,
Pour en ſi grands dangers ores nous ſecourir.

34.

Sacrez Ambaſſadeurs, qui ſur la terre baſſe
Publiaſtes iadis la ſaincte Loy de grace,
Et qui contre l'effort de cent-mille tourmens,
Faiſans acheminer voſtre œuure neceſſaire,
Auez és cœurs humains de la foy ſalutaire
Heureuſement aſſis les fermes fondemens.

35.

Voyez, Apoſtres clairs, que noſtre foy petite
Se faict de iour en iour moindre en œuure, & merite,
Helas! ſecourez-nous en ce cas important,
Faictes que noſtre foy par voz trauaux plantée,
Par voz prieres ſoit maintenant augmentée,
Et que le vent d'erreur ne l'agite plus tant:

36.

Belles Rozes du Ciel, luysantes Amelettes,
Que le fer du tyran, comme fleurs tendrelettes,   (batit,
Pour faucher tout-d'vn-coup L'ENFANT-DIEV, ab-
Clers esprits infantins, dont la belle naissance,
Sur le desiré point de la pure innocence,
Sans apprehension l'heureuse mort sentit :

37.

Voyez que les humains seiournans en ce Monde
Ont les membres souïllez, & la parole immonde,
Qu'ils sont pollus en l'ame, & vicieux aux sens :
Helas! ouurez pour eux voz bouches gracieuses,
Afin que destournez des sentes vicieuses,
Ils soient en fin rendus, comme vous, innocent.

38.

Heureux Martyrs, desquels la diuine assistance
Tenoit les cœurs flancquez du rempart de constance,
Pour porter, sans fleschir, toutes sortes de fleaux,
Et de qui l'espoir vif, la foy, & le courage
A surmonté l'ardeur, la finesse, & la rage
Du Monde, des tyrans, des barbares bourreaux.

39.

Voyez combien infirme est la nature humaine,
Et auec quelle peine elle endure la peine,
Subuenez par voz vœux à nostre infirmité,
Et prians, impetrez de l'ineffable Essence,
Moins-d'apprehension, & plus-de patience,
Pour souffrir, comme-il-faut, nostre calamité.

40.

Vous doctes Confesseurs, qui dans vostre poictrine
Couuans du pur amour la flame plus diuine,
Viuiez vers le prochain sainctement enflammez,
Qui bandans tous efforts aux œuures charitables,
Auez par sainctes mœurs, & sermons veritables,
Rendus à leur salut les peuples animez.

41.

Regardez qu'auiourd'huy nostre odieuse vie
Ne contient rien en soy que rancune, & enuie,
Et que de charité le feu est mort en nous,
Entendez à nostre ayde, & de la mesme flame
Qui reluisoit en vous, faictes luire nostre ame,
Nous rendans par effect bien-veuillans enuers tous.

42.

Et vous, qui pour vacquer aux choses salutaires,
Auez pris pour logis les desers solitaires
Quittans du Monde infect l'impur empeschement,
Afin que d'icy bas vostre ame retirée
Se guindant au plus-haut de la voute Empirée,
Ait loisir de gouster le vray contentement:

43.

Estallans deuant DIEV voz illustres merites,
Souuenez-vous de nous, ô loüables Hermites,
Rendez-nous du salut, comme vous, soucieux,
Cà que vostre Oraison ce triste nœud deserre,
Qui par trop nous retient attachez à la terre,
Pour quelquesfois nostre ame esleuer dans les Cieux.

44.

Vous, qui libres du ioug du plaisant mariage,
Auez passé le cours de vostre pudique âge
Auec le rare honneur de la virginité,
Et qui vous retranchans des humaines delices,
O Vierges, par trauaux par ieusnes,par Cilices,
Auez domté l'assaut de la lubricité :

45.

Hé ! remarquez combien ceste masse charnelle
Se rend contre l'Esprit furieuse, & rebelle,
Qu'elle veut à-tout-coup son maistre sur-marcher,
Efforcez-vous pour nous,& par vostre priere,
Tous lubriques assauts reiettez en arriere,
Si bien que, comme à vous, soit serue nostre chair.

46.

Apres donc que chacun de voz rangs fauorables,
Aura donné secours aux hommes miserables,
Soyez en-general à nostre ayde incitez,
Et puis que l'amour sainct dans le Ciel vous assemble,
Aidez nous en commun, priez Dieu tous-ensemble,
Pour le rendre propice en noz necessitez.

47.

Et toy de tout ce Tout Monarque incomparable,
Qui és sur tous tes faicts en tes Saints admirable,
Qui vas par leur honneur ta gloire establissant,
,, Car l'honneur qui ça-bas à tes Esleus arriue,
,, N'est de toy separé, mais de toy il deriue,
,, Fait sa demeure en toy,& y est finissant.

L'INTERCESION POVR LE
soulagement des Catholiques
Deffuncts.

1.

S I faut-il deformais que l'amitié entiere,
Qu'à mõ prochain ie doy, dure apres le trespas,
Et que pour le tirer du purgatoire bas,
Iusqu'au plus haut des Cieux i'eslance ma priere:

2.

Le deuoir m'y astreint, & ce funebre office,
De double vtilité me pourra contenter,
Car priant, aux Deffuncts ie pourray profiter,
Et pensant à la mort ie brideray mon vice.

3.

Pour le repos des morts si le SAVVEVR i'inuoque,
Tandis qu'au Monde encor ie respire viuant,
Mort, le mesme i'auray du peuple surniuant,
„ Car celuy qui fait bien reçoit le reciproque:

4.

Mais la priante voix, qui aux Cieux ennoyée
Par cest Eslancement de ma bouche depart,
Ne touche tout esprit qui de ce Monde part,
Et n'est en-general pour tous morts employée:

5.

Car ceux qui enrichis d'vne candeur pleniere,
Leur âge ont couronné d'vn trespas precieux,
Et qui le grand Sabat celebrent dans les Cieux,
Pour leur aise augmenter, n'ont besoin de priere.

6.

Auſſi noſtre Oraiſon n'a l'effect ſecourable
Pour ceux qui ſont au feu d'Acheron condamnez,
Car pour attenuer la peine des damnez,
Par aumoſnes, ny vœux DIEV n'eſt point exorable:

7.

Mais nous ſupplions DIEV pour les captiues ames,
Qui pour du tout purger le venin du peché
(Non-encor de leurs cœurs par la peine arraché)
Du Purgatoire chaut ſentent les viues flames:

8.

Car de la pure foy la doctrine certaine
Sainctement nous inſtruit, que les ſales pechez
Trainent pour compagnons à leur queuë attachez,
Le venin de la coulpe, & le mal de la peine,

9.

La coulpe eſt ce dur coup, qui enfonce noſtre ame,
(Lors qu'elle part du corps ſans le ſainct repentir)
Dans la genne d'Enfer, & qui luy fait ſentir
De l'Eternel tourment la doloreuſe flame:

10.

La peine eſt la douleur, & le iuſte ſupplice,
Qui, comme ſuitte, adhere à noz pechez commis,
,, Car bien-qu'ils ſoient de DIEV, pour la coulpe, remis,
,, Si nous faut-il ſouffrir le tourment deu au vice:

11.

,, DIEV arme le peché d'vn fleau ineuitable,
,, Afin que cognoiſſant la nuiſante fureur
,, D'vn venin tant actif, l'homme tremble d'horreur,
,, Auant-que d'approcher ce monſtre eſpouuentable.

Celuy

12.

Celuy donc qui gisant dans la couche mortelle,
Des crimes de sa vie obtient remission,
Rend son esprit exempt de la damnation,
Car puis qu'il se repent, DIEV son vice cancelle.

13.

Mais ceste ame, qui est cependant obligée,
Par peine d'accomplir la iustice de DIEV,
Comme n'ayant assez pary en ce bas lieu,
En quel lieu pour seiour sera-elle logée?

14.

Sera-elle aux Enfers seuerement iettée,
Pour y souffrir tousiours l'indicible tourment?
» Non: car le REDEMPTEVR, par le pardon clement,
» L'a d'vn si grand danger doucement rachetée:

15.

Ira-elle au plus haut de la voute Empirée,
Pour l'essence de DIEV eternellement voir?
» Non, car le Ciel ne peut nulle ame receuoir,
Qui ne soit, & de coulpe, & de peine espurée:

16.

Pur est de soy le Ciel, la Deité est pure,
Et purs sont les esprits, qui y prennent repos,
Pour les esprits mal-nets aussi le Ciel est clos,
Iusqu'a tant que la peine ait tracé leur ordure:

17.

De-la vient qu'il nous faut infailliblement croire,
Que sur le fondement de la iuste raison
DIEV à basty le lieu, & la basse prison,
Que, pour purger les morts, on nomme Purgatoire:

18.

C'est ce brazier ardent, dans lequel l'ame humaine
Recuisant ses pechez par la viue chaleur
Euapore son vice au feu de la douleur,
Et sa crasse consume en l'ardeur de la peine:

19.

C'est ce grand Lac sans-eau, dõt la saincte Escriture
Es prophetes cayers fait claire mention,
C'est le lieu destiné à la purgation,
Ou l'ame auec le temps d'impure se fait pure:

20.

C'est l'Antre douloreux, & la fosse profonde,
Qui detient prisonniers les esprits benissans,
C'est le Creux qui contient les genoux flechissans
Denant le sacré Nom du REDEMPTEVR du Monde.

21.

C'est l'obscure prison, qui tient, & qui trauaille
D'vn penible seiour les debteurs oberéz,
C'est la place ou ils sont peniblement serréz,
Tant qu'ils soient acquitez de la derniere maille:

22.

Toutesfois l'Eternel vers la race mortelle
Vse par ce moyen de sa benignité,
Il change en punissant nostre meschanceté
En temporelle peine, vne peine Eternelle:

23.

De l'hõme DIEV-SAVVEVR la bouche sacre-saincte
De deux siecles diuers faict declaration,
Esquels de noz pechez par la remission
S'efface la macule en noz ames empreinte:

24.

Le Monde, ou nous viuõs, est l'un des lieux propices,
Ou par le doux pardon noz mesfaicts sont tracez,
L'autre est le Purgatoire, ou apres le decez
DIEV en oste par feu les tristes cicatrices.

25.

Les Citoyens du Ciel n'on besoin en leur gloire
Comme purs, du pardon, & l'absolution
N'a lieu sur les damnez, donc la remission
Ne regne apres la mort ailleurs qu'au Purgatoire:

26.

Et bien que de ce lieu les flames purgatiues
De-soy ne durent pas perpetuellement,
Si faut-il confesser que c'est vn grand trourment,
Que DIEV darde la-bas sur les ames captiues:

27.

Car leur feu est si grief, douloreux, & sensible,
Qu'on ne doit comparer tous les tourmens diuers,
Que peut la cruauté trouuer en l'Vniuers,
A ceste peine extreme, immense, & indicible:

28.

L'onde, le fer, le feu, l'art, & la maladie
Peuuent genner noz corps d'effroyable tourmens,
Et quand DIEV contre nous esmeut les elemens,
Nostre vie n'est rien qu'vne peine infinie,

29.

Mais la douleur du Monde en vn monceau vnie
N'approche la douleur du Purgatoire ardent,
Car en peine son feu est cent-fois excedant
L'onde, le fer, le feu, l'art, & la maladie,

30.

Aussi, dolens esprits, les plaintes nompareilles,
Les penetrantes voix, les longs gemissemens,
Dont vous battez le Ciel au fort de voz tourmens,
Me trauersent le cœur, & percent les oreilles!

31.

Helas! i'entends assez, ô ames affligées,
Que par voz cris agus aux viuans demandez,
Qu'aux prieres tenans tous leurs efforts bandez,
Ils rendent par bien-fais voz peines abbregées:

32.

Vous sçauez, chers esprits, que le deuot suffrage
Dreßé pour vous au Ciel n'est point infructueux,
Et que Dieu adoucy par les faits vertueux
Des supplians humains, sonuent voz maux soulage:

33.

Le long dueil, les flambeaux, la suite, qui lamente,
Les dorez escriteaux qu'on vous dreße ça-bas,
Honorent vostre mort, mais il ne peuuent-pas
Amortir le brazier qui voz ames tourmente:

34.

Qui pour vous esleuer iusqu'au celeste throne,
Desire d'accourcir vostre captiuité,
Doit prier Dieu pour vous, vaquer a pieté,
Se matter d'abstinence, & s'estendre en aumosne:

35.

Car nous auons du Ciel ceste leçon apprise,
Que mourans en espoir, en Foy, & Charité,
Vous n'estes point exclus de la communauté
Des enfans esleuez dans le sein de l'Eglise:

36.

C'est pourquoy le bien-fait, & l'œuure meritoire,
Que les hommes viuants font en terre pour vous,
Fait luire son rayon, estend son effect doux
Sur vous, blesmes esprits, au fond du Purgatoire.

37.

Ainsi l'Hebrieu faisoit aumosne, & sacrifice,
S'abstenoit du repas, se priuoit du repos,
Portoit la cendre au chef, & le sac sur le dos,
Pour rendre aux trespassez le Createur propice:

38.

Ainsi sur les Autels la primitiue Eglise,
De ses deffuncts faisoit denote mention,
Afin qu'il pleust à DIEV par sa compassion
Leurs ames retirer de prison en franchise:

39.

De la vient des Chrestiens la salubre coustume
De ieusner, faire dons, vaquer aux chants denots,
Afin que l'Eternel vous mettant en repos,
Vueille de voz douleurs appaiser l'amertume:

40.

Cela est confirmé des Prophetes, Oracles,
Asseurément prouué par noz traditions,
Authentiqué du seau des Apparitions,
Et garny de l'effect de cent, & cent miracles:

41.

Receuez donc en gré mon regret mortuaire,
Chers parens, chers amis, chers bisayeux chenus!
Qui és prisons de DIEV or' estes detenus:
Pourquoy ne peux-ie helas! pour vous encor plus faire?

42.

O Roy des Roys sans-per, dont la puissance immense
Tient la Terre, le Ciel, & l'Enfer soubs sa main,
O DIEV, tout-doux, tout-bon, ton-benin, tout-humain,
Qui és sur tous tes faicts admirable en clemence:

43.

Si iamais il t'a pleu espandre sur le Monde,
Les sacrez ruisselets de ta benignité,
Il est temps, ou iamais, SEIGNEVR que ta bonté
Sur les fidelles Morts en lasche ores la bonde:

44.

Peux-tu, helas! trouuer plus exquise matiere
Pour auec plus de los ta clemence exercer,
Que quand il te plaira, ô SEIGNEVR, relaxer
De ces tristes Esprits la bande prisonniere?

45.

Ils sont morts en ta Foy, ayant l'ame percée
D'vn regret penetrant de t'auoir irrité,
Helas! ce sainct regret n'aura-il merité
Que ta pitié sur eux soit ores auancée?

46.

Ie sçay las! ie sçay-bien que leur ame chargée
De faicts non-expiés à l'heure de leur mort
Du brazier purgatif doit endurer l'effort
Pour estre de sa crasse entierement purgée,

47.

Las! ie sçay que l'arrest de ta saincte Iustice
A sur tous les mourans prescrit ce reglement,
Qu'apres le doux pardon, il faut que le tourment
Consume peu-a-peu les reliques du vice:

48.

Mais tout-ainsi que ceux, qui sont par la Iustice
Pour leurs crimes ça-bas en la prison menez,
Et par sentence en-fin du Iuge condamnez,
Ne sont tous en-effect emportez du supplice:

49.

Car le Roy quelquefois non-obstant la sentence
Touche les criminels de sa benignité,
Aux vns il addouçit le tourment merité,
Aux autres il cancelle, & la peine, & l'offence:

50.

Fay de mesme enuers eux, ô SEIGNEVR debonnaire,
Et par le passe-droit de ton pardon vanté
Deliure ces esprits de la captiuité,
Retenant pour ce coup ta Iustice ordinaire:

51.

Tu n'as aucun outil precis, & necessaire,
Pour de ta volonté produire les effects,
Car tu prens, ô SEIGNEVR, au cours de tes bien-faicts,
Or la voye ordinaire, or la non-ordinaire.

52.

Quand l'affligé brigand d'vne voix opportune
Sur le point de sa mort pardon te demanda,
Ta bonté promptement alors luy accorda
Vne absolution pleniere, & non commune:

53.

En quoy te fais tu voir, & grand, & admirable,
Sinon quand il te plaist l'ordinaire exceder,
Quand tu fais la rigueur à ta pitié ceder,
Quand ta douceur se rend du tout incomparable?

54.

Tu és le maistre alors toy-mesme de toy-mesme,
Pardonnant tu remplis de ta gloire tout lieu,
,, Car il ny a rien plus connuenable au seul Dieu
,, Que l'immense pitié, & la douceur extreme:

55.

Si donc il reste en eux quelque traict à deffaire,
Qu'encor le feu n'a peu de leur ame tracer,
Helas!ne le peux-tu par clemence effacer,
Ne peux-tu accomplir ce qu'vn feu pouuoit faire?

56.

Hé!quelle vtilité,quelle fruict,quel aduantage
Pourras las!renenir à ta diuinité,
Si ce troupeau sans-corps seuerement traicté
Demeure encor long-temps detenu en seruage?

57.

N'est-il pas,ô Seigneur plus seant à ta gloire,
Beau pour ta charité, digne pour ta grandeur,
De tirer ces esprits à ta viue splendeur,
Que les tenir long temps en ceste prison noire?

58.

Demeurans en l'estat ou les tient ta iustice,
Bien qu'ils n'endurent-point à regret leur tourment,
Comme sentans vn fleau merité iustement,
Si sont-ils toutesfois attristez du supplice.

59.

Mais s'il te plaist finir leurs angoisses estranges,
Passant d'vn triste estat en vn estat ioyeux,
Ils chanteront ton los,hé!ne vaut-il pas mieux
Qu'ils chãgent sainctemẽt leurs pleurs en tes louanges?

60.

Et puis-que leur douleur extreme, & incroyable
Peut toute la douleur du monde surmonter,
Peux-tu, sans t'esmouuoir, leurs plaintes escouter,
Toy qui as le cœur doux, flexible, & pitoyable?

61.

Ta main donna secours, allegeance, & remede,
Aux Martyrs dechirez par la main du bourreau,
Veux-tu long-temps tenir ces ames soubs vn fleau,
Qui surmonte tout fleau, qui tout Martyre excede?

62.

D'autãt-plus que leur peine espouuãtable, & grãde,
Surpasse tout le mal qu'on pourroit endurer,
D'autant-plustost faut-il-que pour les retirer
Des bruslantes prisons, ta pitié se debande:

63.

Si donc aux hũbles cœurs quelque point tu accordes,
Si des prians Zelez les cris sont exaucez,
Las! prend pitié SEIGNEVR, des pauures trespassez,
Versant sur eux le miel de tes misericordes:

64.

Soit las! pour leur repos ma priere entendüe,
Pour leur soulagement soit mon ieusne accepté,
Et soit de tel effect ce qui t'est presenté,
Que par son doux effort leur prison soit rompüe:

65.

Mais helas! si ma voix, mon ieusne, & mõ offrãde,
Et tout l'effort deuot que ie peux conceuoir,
Pour secourir les Morts trop foible à le pouuoir,
N'ayant pour te fleschir la portée assez-grande:

66.

Tiré, tire ô SEIGNEVR, de ta douceur extreme
Pour espandre sur eux, quelque eschantillon doux,
Non point à cause d'eux, ny a cause de nous,
Mais pour le seul respect, ô SAVVEVR, de toy-mesme,

67.

Ie t'en supplie, SEIGNEVR, SAVVEVR, ie t'en adiure,
Par tout ce qui t'est beau, plaisant, & precieux,
Par ton Throsne estably sur le plus-haut des Cieux,
Par ton pouuoir supreme, & ta double nature:

68.

Par l'admirable bien de ta saincte naissance,
Qui defit tout le mal de nostre iniquité,
Romps les liens aux Morts, & en la pureté
Faits renaistre leur ame, & deffay leur offense:

69.

Par l'angoisse, & les maux qu'en ceste vie humaine
Tu supportas iadis sur terre descendu,
Fay que par ton tourment leur tourment soit perdu,
Et que ta peine soit la borne de leur peine:

70.

Par la cruelle mort, & le sanglant supplice,
Que pour l'homme il te pleut sur la Croix endurer,
Fay les Morts de ta mort si bel effect tirer,
Que ta mort soit la mort aux taches de leur vice:

71.

Par le triomphe exquis de ta saincte victoire,
Lors-que, resuscité, tu saillis du Tombeau,
Fay saillir les Deffuncts de leur ardent Caueau,
Et les resuscitant fay leur part de ta gloire:

LA CONSIDERATION
DE LA MORT.

C'Est peu au Nautõnier, & sage, & bien-versé,
D'auoir artistement l'Ocean trauersé,
C'est peu par son bõ-sens, son art, & son vsage,
D'auoir dõté le flot, l'Aquilon, & l'orage,
Si approchant de Terre, & ia-voisin du bord,
Il ne conduit sa nef heureusement au port,
Car s'il fait eschoüer son vaisseau au riuage,
Ou si hurtant au Roc il fait nager, mal-sage,
Par piece sur les flots son Gallion fendu,
Le voyage est sans fruict, & son trauail perdu,
Aussi de longue-main il medite, il aduise,
Et la plus viue humeur de ses sens il aguise,
Pour à l'abry des vents, & hors de tout danger
Dans le port seurement sa Carraque loger:
    Ainsi puis-que la main du Souuerain Monarque
M'a fait naistre en ce monde, & placé dans la Barque
De l'estre des viuants, ou il me faut ramer,
Parmy les durs escueils de la mondaine mer,
Et ioüet du mal-heur, d'inconstance, & de peine,
Les vagues trauerser de ceste vie humaine,
Ie dois, certes, ie dois tirer de tous mes sens
La pointe plus subtile, & les efforts puissans,

Pour penser aux moyens, par qui en ce voyage
Ie puisse sans danger aborder au riuage,
Ie dois, pour seurement ancrer dedans le port
Chrestiennement esmeu considerer la mort,
,, Car la mort est le Hâure, & le port, & la riue
,, Ou tout mortel en fin apres la vie arriue.
　　Las! que m'auroit serui, viuant, d'auoir tasché
D'embrasser la vertu, & gauchir au peché,
Si par vne mort-sale, horrible, inopinée
Ma vie auec peché se trouuoit terminée?
,, De la vie le cours n'est loüable ny beau,
,, Si la vertu ne suit l'homme iusqu'au tombeau.
　　Ha! chair! puante chair! quoy! pallis-tu de crainte,
Fremis-tu de douleur, puis-que tu és contrainte
De penser à ta fin? las! n'entends-tu assés
Que pour brider le cours de tes pecheurs excés,
Tu n'as plus roide frein, ny moyen plus notable
Qne le penser profond de la mort redoutable?
Helas! pour fermement à ta gloire courir
Ne sçais-tu pas qu'il faut apprendre à bien mourir,
Qu'il faut, pour emporter la palme souhaitée,
Que ta mort soit de toy long-temps premeditée?
　　Celuy qui deffié par le hayneux cartel
Attend dans le camp-clos son ennemy mortel,
N'a il pas plus de cœur, de force, & d'asseurance
S'il peut secrettement prendre la cognoissance
De l'escrime, & des coups, soit de taille, ou d'estoc
Desquels son ennemy vse en l'ardeur du choc?
Et toy, qui de la mort, sans gauchir, dois attendre
L'ineuitable assaut, ne veux-tu pas apprendre

Sa posture, sa marche, & les coups, dont sa main
Au poinct de ton trespas doit assaillir ton sein?
Afin-qu'vn saint apprest, & qu'vne attente sage
Ses coups rende moins-durs, & plus-doux son passage?
„ Veu-que souuent le coup tant soit-il roide, & fort,
„ S'il est preueu de loing, ne fait pas grand effort,
„ Car à preuoir la mort si l'homme s'accoustume
„ La mort purge son fiel, & perd son amertume:
Pour doncques à ta mort donner allegement
Pense, ô chair, à la mort, & ce medicament
Pourra, bien-que fielleux, beaucoup de bien te faire,
„ Car plus il est amer, plus il est salutaire.

O DIEV, qui contre l'homme irrité iustement
As versé sur son chef la mort pour chastiment
De sa rebellion, helas! puis-que ma vie
Doit infailliblement m'estre vne-fois ranie,
Et que pour le peché loing de moy repousser,
Il me faut à la mort penser, & repenser,
Las! asseure mes sens, rend mon ame docile
Pour bien apprehender ce destroit difficile,
Fay que la mort, qui n'est qu'horreur, terreur, effroy,
Ne soit effroy, terreur, ny horreur enuers moy,
Mais que si bien contre elle appresté ie demeure   (re.
Qu'au destroict de ma mort, l'aigreur de la mort men-
     Il me faut donc tenir pour infaillible point,
Que tout-ainsi qu'vn temps fut ou ie n'estois point,
Ainsi arriuera la fatale iournée,
Qui doit rendre par mort ma vie terminée,
Helas! l'infirme estat de ma conception,
De mon corps la matiere, & la mutation

Que ie reçoy sur moy en la course de l'âge,
M'en donnent par effect assez de tesmoignage.
   ·D'vn peu de sang blanchy, que ma mere à receu
Dans sa chaude matrice, helas! ie suis conceu,
Et ce corps, vray obiect des miseres humaines,
Est composé de chair, de sang, arteres, veines,
De mouelle, tendons, de membranes, & d'os,
Qui sont outils subiets au pouuoir d'Atropos,
,, Car chacun d'eux suiuant l'ordre de la nature
,, De iour en iour decline, & tend à pourriture,
,, Et ce tas charongneux, bien qu'à chasque moment
,, Pour maintenir son estre, il reçoiue aliment,
,, S'altere coup-sur-coup, se change d'heure, en heure,
,, Et en vn mesme estat ne faict iamais demeure,
,, Car il croist, ou decroist, & l'âge doux-glissant
,, Par sa course le rend plus-foible, ou plus-puissant.
,, Et mesme autant de fois qu'il se change, & rechäge,
,, Autant de fois il meurt, car le iournalier change
,, N'est rien que la mort mesme, & de-la chasque pas
,, Que pour viure il employe, il l'employe au trespas,
,, Il aduance sa fin plus il s'aduance en âge,
,, Et plus coule le temps, plus proche est le passage:
,, Car nostre âge n'est rien (à parler proprement)
,, Qu'vn sentier parsemé de dueil, peine, & tourment,
,, Ou l'homme de droict-fil sans cesse postillonne,
,, Tant qu'il est rencontré de la parque felonne.
   Le pouuoir dont, le cours, le flux, le reglement
Du feu, du clair Soleil, de l'eau, du Firmament
Est palpable, certain, asseuré, infaillible:
Mais le pas de la mort hideusement terrible

Est encor

Est encor plus certain, c'est un point resolu,
Vn coup ineuitable, vn decret absolu,
Vn arrest, qui signé de la main souueraine
S'execute tousiours contre la race humaine
Sans relief, sans appel, sans opposition.
Sans delay, sans faueur, & sans acception.
„ Mais quoy? si de la mort certaine est la carriere
„ Aux debiles humains, le temps, & la maniere
„ De leur trespas futur est clos totalement
„ A la prenotion de leur entendement:
Comme on ne cognoist-pas la couleur de la nüe
Qui doit estre demain parmy l'air espandüe,
En temps calme on ne peut sçauoir de quel costé
S'esleuera le flot sur Neptun irrité,
On ne peut descouurir la forme de l'Arene
Auant-que l'Aquilon la verse par la plaine
Et on ne peut du vent le dommage preuoir
Quand il n'a fait encor son orage mouuoir:
„ Ainsi l'homme ne peut auoir certaine marque
„ De l'heure de sa mort, car le temps de la Parque
„ Est moins-seur, plus-trompeur, incertain, deceuant
„ Que la Nüe, le flot, que l'Arene, & le vent.
Tu l'as ainsi voulu, ô Monarque supreme,
Afin-qu'apprehendant le coup de la mort blesme,
Qui menace tousiours son col mal-asseuré,
L'homme viue en tout temps à la mort preparé.
Mais, ça, mon ame ça, pour d'vn salubre exemple
Illuminer tes sens, voy, entend, & contemple
L'affreux geste, le cris, la plombine couleur,
Les larmes, le trauail, & l'extreme douleur

N

De l'homme agonissant, qui au lict mortuaire
Faict ores deuant toy ce qu'vn iour tu dois faire:
      Le voicy:qui desia de tourmens accablé
Se voit prest à mourir,ia son sang est troublé,
Ia la froide sueur par les membres luy coule,
Son estomach panthele,& l'œil moite luy roule,
Voy que de toutes pars durement angoissé,
Il s'efforce tant-plus,plus il se voit pressé,
Il se courbe,il s'estend,il tremblotte,il souspire,
Las!la pauurette chair,qui son estre desire,
Recule,& fuyt tousiours,faict son dernier effort
Pour sa vie eslongner,& euiter la mort:
He-DIEV! de quel regret elle est ores touchée,
De cognoistre qu'il faut qu'elle soit arrachée
Des aggreables biens,des enfans alme-beaux,
De son Espouse chere,& des amis loyaux,
Pour se rendre charongne,& sous terre pourrie
Seruir aux vers puants de gluante voirie:
Helas! l'amer penser du trop-pensé trespas
Rend le corps ia failly,bien qu'il ne le soit pas,
Et l'estrange douleur qui s'accroist d'heure-en-heure,
Le faict mourir d'ennuy,bien-quencor il ne meure.
      C'a tourne d'autre part ton esprit,& tes yeux,
Voy l'estat deploré, perplex, & ennuyeux,
Ou la pauure ame gist, vne extreme tristesse,
Vn incroyable dueil horriblement l'oppresse,
Pour sentir qu'a l'instant le Ciel la veut forcer
D'abandonner le corps,& a-ce-coup laisser
Le domicile doux,& la maison aymée,
Ou elle a residé depuis qu'elle est formée.

Comme deux Pelerins qui sur terre, & en Mer
Ont souffert mille maux à courir, & ramer,
Et qui esgaux en force, en trauail, & en âge
Sont plus liez de cœur, qu'vnis par le voyage,
D'vn extreme regret gemissent, offensez,
Quand, se disans a-DIEV, ils se voyent preßez
De se quitter l'vn-l'autre, & d'vne amere absence,
Enfieller tout à coup le miel de leur presence:
    Ainsi l'esprit humain, qui à la chair vny
De cest âge mortel le voyage à finy,
Abandonne à regret la masse corporelle,
Comme sa chere amye, & compagne fidelle,
Et mouroit de regret (tant son regret est fort)
Si elle estoit subiecte au pouuoir de la mort.
    Mais las! ceste douleur, que l'ame miserable
Souffre, laissant le corps, n'est en rien comparable
A l'indicible genne, à l'angoisseux tourment,
Qu'elle endure pensant au diuin iugement,
Las! elle se cognoit horriblement noircie
D'iniquité funeste, & de faute endurcie,
Et, douteuse, ne sçait si sa conuersion
Est capable du bien de l'absolution,
Elle croit neanmoins, & certaine, s'asseure,
Que s'enuolant du corps, il faut que toute à l'heure
Elle soit presentée au diuin Tribunal
Du iuge tout-voyant, pour du bien, & du mal
Qu'elle à commis au cours de la vie mondaine,
Receuoir par sentence, ou la palme, ou la peine:
Las! telle est la rigueur de sa perplexité
Qu'au monde elle voudroit n'auoir iamais esté,

Ou son estre finir, pour n'estre pas astreinte
A ce dur iugement, dont elle à tant de crainte,
D'autant-qu' apprehendant le tas de son peché,
Et du Iuge vengeur le courroux delaché
Elle entre en tel effroy, que sortant, elle endure
Sans l'Enfer, de l'Enfer l'effroyable Torture.

Mais quels Sceptres fumans, quels monstres furieux
Quels horribles Dragons voy-ie deuant mes yeux.
Qui armés de fureur , & de hayne nuysante,
Assaillent la personne au lict agonizante?
Las! c'est des noirs esprits l'Escadron enragé,
Qui furieusement contre l'homme rangé
Desbande sa cholere , & son pouuoir aguise,
Afin-que sur la mort à-outrance il luy nuyse,
,, Car il sçait que son coup est inutil & mort,
,, S'il ne fait quelque breche au destroit de la mort:
Voy comment pour d'vn coup la pauure ame destruire
Au chetif desespoir il tasche de reduire
Le mourant blesme-froit, presentant à ses yeux
Les plus enormes poincts de ses faicts vicieux:
Il l'agite, il le presse, il l'estonne, il l'effroye,
Tant qu'il semble au Mourant qu'il soit desia la proye
Du Bourreau Stygieux, & que son grief tourment
Au tourment des damnez conuienne egalement.

En-fin, en-fin, apres mille maux, mille peines,
Mille agitations, mille entorses, & gennes,
Voicy, l'ame s'enuole , & auec grands effors
S'arrache de son hoste, & se tire du corps,
L'ame va receuoir la peine, ou le salaire
Du malfait, ou du bien, qu'au monde elle à peu faire,

Et le corps (non plus corps , ains charongne relante)
Au monde ne sert plus que de charge pesante,
Que d'effroyable aspect, d'affreux estonnement,
D'insupportable horreur, & vil contemnement:
Voy que de ses conduis la trop-large ouuerture
Iette d'vn flux puant mille sorte d'ordure,
Que sa hideuse chair peu-a-peu se dissout,
Et en vers lons-gluans se conuertit par tout,
Qui rongent tellement la charongneuse masse,
Qu'en peu de temps sans-chair demeure la carcasse,
Voila l'estat du corps, qui helas! en effect
Est si puant, terny, si hideux, & infect
Qu'il empeste, qu'il gaste, offence, & rend polluë
L'air circonstant, la main, la narrine, & la veüe:
Si qu'il faut pour bien tost sa nuisance empescher,
Sous vn pesant Tombeau en terre le cacher.

O SAVVEVR! qui fiche' sur la croix inhumaine
As osté par ta mort de la mort le domaine,
Pourquoy las! ô SAVVEVR, las! pourquoy permes-tu
Que l'homme sur le point de sa mort, soit battu
De tant de fleaux cruelz ? & souffre en ce passage
D'ennemis si puissans l'espouuentable outrage?
N'as-tu pas, en mourant pour l'homme, de la mort
Rebouché l'eguillon, & surmonté l'effort?
Pour nous faire sentir au destroict mortuaire
L'inestimable fruict de ta mort salutaire,
Las! ne faudroit-il pas qu'auec moins de tourment
L'homme vienne à sa fin, & meure doucement?

Mais combien inutile, ô DIEV, combien est vaine
Ma plainte contre toy? car prenant chair humaine

Dans le flanc virginal, & de la mort touché
Tu as à noftre mort tout le fiel arraché:
Et foulant fous les pieds auec gloire fupreme
Satan, Peché, la Chair, le Monde, & la Mort-mefme,
Comme vn triomphateur en puiffance infiny,
Tu as contre la mort l'homme fi bien muny,
,, Que fi au dur affaut de la Parque future
,, Il fe veut cuiraffer de la celefte armure,
,, Tous les fiers ennemis contre luy amaffez
,, Sur le point de fa fin, tomberont renuerfez,
,, Tant-que par le fecours de ta main fouueraine
,, Il trouuera la mort, belle, douce, & humaine,
,, Du-moins apres l'ardeur du combat obftiné,
,, Du celefte Laurier il fera couronné:
    Mais comme vn Medecin, qui, charitable, tâche
Hors du corps languiffant chaffer la fieure lache,
Et qui pour au pluftoft coupper la voye au mal,
Employe les fecrets de l'art medicinal,
Ordonnant la faignée, ou l'Anodin Clyftere,
Les liquides Iuillets, ou la boiffon amere,
Ne peut pas neanmoins au plus fort du danger,
Par fes medicaments le malade alleger,
Si le fieureux ne veut dans fa bouche alterée
Verfer la potion qui luy eft preparée:
,, Tout de-mefme, ô SAVVEVR, lors-que de tout cofté
,, L'homme eft aux durs abboys de la mort agité,
,, Sa natale foibleffe, & fon peché ne porte
,, De faire à tant de maux refiftance affez forte,
,, Si de corps abbatu, & releué d'efprit,
,, Le remede il ne prend que tu luy as prefcrit,

„ *Et volontairement s'il ne boit au Calice,*
„ *Que tu luy as laissé pour Antidote au vice:*
„   *De-vray ce mal cruel qui adhere à la mort*
„ *De la mort ne vient pas, ains comme effect, il sort*
„ *Du peché des Mourans, car celuy qui se treuue*
„ *Sans macule à sa fin, heureusement espreuue*
„ *En-mourant, que la mort exempte de-peché,*
„ *Ne traine fiel, ny mal auec soy attaché,*
„ *Ains est l'eschellon doux, & le benin passage, -*
„ *Pour passer de la terre au flamboyant estage.* (*crits*
   C'est pourquoy les plus SAINCTS *dans leurs doctes es-*
De la vie ennuyez crient, qu'ils sont espris
Du desir de la mort, & qu'ils souhaitent d'estre
Deschargez de leur chair, pour prendre le vray estre,
Desirent de leurs corps la dissolution
Pour auoir par la mort leur partage en Syon,
Car ils sçauent qu'ils sont portez par la mort blesme,
D'vne misere estrange en vn bon-heur supreme.
   Puis-donc que pour le mal de la mort euiter
Il faut de toy, SAVVEVR, *le remede emprunter,*
Ie me iette à tes pieds, & moite de mes larmes
I'implore ton secours, & demande tes armes,
Pour au temps de ma mort ma foiblesse asseurer:
„   *Fay moy à cet effect, fay moy considerer*
„ *Que ie tiens de toy seul côme de mõ* DIEV-*Maistre*
„ *Sans l'auoir merité, mon essence, & men estre,*
„ *Et que comme il t'a pleu la vie me prester,*
„ *A toute heure tu peux aussi la repeter*
„ *Comme chose, qui est du-tout, & tousiours tienne,*
„ *Sans que rien en icelle, ô* SAVVEVR, *m'appartienne,*

N 4

,, Sinon l'vsage simple, & ceste vsage nu,
,, N'est pour vn temps prefix encor de moy tenu,
Ains il me faut, SEIGNEVR, à tout moment t'attẽdre,
,, Pour, quand tu viens à moy, cet vsage te rendre,
Las! oseray-ie donc contre toy murmurer,
Quand tu voudras de moy ce qu'est tien retirer?
Seray-ie helas! si fol, temeraire, & mal-sage,
Que ne te rendre point volontiers cet vsage!
Non helas! non, SEIGNEVR, vien, pren ce qu'est à toy,
Vien, vien, car tu n'auras aucun refus de moy.

   Toutesfois ie te prie, ô DIEV, que ta venüe
Ne me soit pas soudaine, hastiue, ou impourueüe,
De-peur qu'estant surpris en estat infecté,
Pour butin de l'Enfer ie ne sois emporté,
Mais daigne m'aduertir de la fin de ma vie,
Par la longue douleur d'une aspre maladie,
Afin-que ce delay m'apporte le loisir
De terminer mes ans selon ton sainct desir:

   Mais d'autant, ô SAVVEVR, qu'il vient à ta notice
Qu'au destroict du trespas par la rigueur du vice
La douleur, le regret, la furie, & l'effroy
Des membres, de l'esprit, des Demons, & de toy
Assassine, tourmente, espouuante, & entame
L'homme en son corps, aux sens, au iugement, en l'ame,
Fourny moy, ô SAVVEVR de suffisant effort,
Dont ie puisse domter la rage de la mort,
Et comme sa fureur en quatre essors consiste,
Rend quadruple ma force, afin-que ie resiste
A chacun de ses maux, tant-que victorieux
Ie puisse repousser ses assauts furieux,

Afin donc, qu'asseuré ie fasse resistance
A la douleur du corps, muny moy de constance
Au destroict de ma fin, rend mon corps renforcé
Pour souffrir les tourmens, dont il sera pressé,
Ou bien de longue-main, SEIGVEVR, fay que ie rende
Humble, & foible ma chair par abstinence grande,
Par rude solitude, & trauail indompté,
Si-qu'ayant par tourment son orgueil supplanté,
Elle reçoiue en-fin sa vertu pour coustume,
Pour son plaisir la peine, & pour miel l'amertume:
En-sorte que le corps venant au dernier point
Des extremes douleurs ne se trauaille point,
Ains que sentent ses maux, il loüe ta iustice
Confessant que son fleau n'est sortable à son vice,
,, Alors nouuelle force à la chair suruiendra
,, Au plus fort des tourments, car ton secours rendra
,, Sa douleur sans douleur, & sa peine sans peine,
,, Ainsi la mort verra son entreprinse vaine.
,, Car n'ayant à ce coup l'escorte du peché,
,, Son pouuoir sera foible, & son dard rebouché.
  Mais contre le regret que lors sentira l'ame
Làissant le corps, les biens, les amis, & la femme,
SEIGNEVR, de quel bouclier, & de quelle vertu
Venant à mon secours mon bras armeras-tu?
Hâ, SEIGNEVR, ie preuoy ton ayde estre facile
Contre ce rude coup, car mon ame docile
Du remede à desia quelque prenotion,
Il ne faut donc ficher aucune affection
Sur le caduque bien, lequel de sa nature
Subiect au changement, & prompt à pourriture

,, *Se doit reduire à rien, he quelle indignité*
,, *De voir l'esprit vestu de l'immortalité,*
,, *Pressé de passion à soy non-conuenable,*
,, *Se lascher à l'amour de chose tant muable?*
,, *Aymer le fresle corps, qui par effort brutal*
,, *Se monstre contre luy ennemy capital,*
,, *Aymer le bien pipeur, les amys, & la femme*
,, *Qui ne seruent de rien que d'ameçons à l'ame:*
   Et quoy? le criminel, qui à bien-longuement
Au creux d'vne prison souffert l'obscur tourment,
Deridera les plis de sa face amortye,
Et sautera de ioye au temps de sa sortie?
Et l'esprit qui de soy est clair, pur, libre, & beau,
Long-temps emprisonné dans vn obscur Tombeau
Dans vn seiour hideux, dans vne fosse basse,
Sortira a-regret de si fascheuse place?
Et delaissant le corps ne verra d'œil ioyeux
Vn si heureux depart, pour se placer aux Cieux?
   O DIEV, pour a ce mal faire la contre-mine,
Darde de ton amour la flammesche diuine
Sur mon ame glacée, & fait que ton saint feu,
Dés cette-heure en mon cœur allume peu a-peu
Ta saincte charité, & le mespris du monde:
Fay que mon ame, ô DIEV, se resolue, & se fonde
Du tout en ton amour, & que tous mes espris
Ne soient à l'aduenir que de toy seul épris,
Que ie conçoiue en moy vne durable hayne
De mon corps, de mes biens, & de la pompe humaine,
Quand donc la mort sur moy lancera sa fureur
Mon espris ia piqué de dedaigneuse horreur

Contre le corps puant, ioyeux, content, & ayse
Quittera tout a coup ceste grotte punaise,
Et la parque voyant ce regret empesché,
Sentira son bras foible, & son dard rebouché.

   Sur le pas de la mort lors que mon ame atteinte
D'incomparable effroy, & de tremblante crainte,
La iustice de DIEV las! apprehendera,
Et vn danger si-grand qui me soulagera?
Hà ce sera SEIGNEVR, ce sera ta puissance,
Qui à mon foible esprit seruira de defence,
Ce sera toy, SAVVEVR, qui en temps competent,
Rendra humble mon ame, & mon cœur penitent,
Car pour mieux espurer ma conscience salle,
Ie veux faire reueüe entiere, & generalle
De mes pechez impurs, pour rendre ainsi tracez
Par l'absolution mes crimes confessez,
De la i'auray dans moy certaine confiance
Qu'il t'aura pleu, SEIGNEVR, toucher ma conscience
De ton benin pardon, & bien-que iustement
Ie puisse en mon trespas craindre ton iugement,
Si dois-ie toutesfois croire que ta clemence,
Sera d'effet vers moy infinie, & immense,
Et que ton saint espoir surmontera dans moy
L'incensé de espoir, & le trop-grand effroy:
Fay neantmoins, SAVVEVR, que toute toute indeüe
En mes souspirs derniers soit esteinte, & perdüe,
Et que la mort voyant cet effroy empesché,
Sente ses bras perdus, & son dard rebouché.

   Quand des affreux Demons l'espouuantable bande,
D'vne extréme fureur, d'vne puissance grande

Taschera m'emporter par cent,& cent assaus,
Tandis-que ie seray au plus-fort de mes maux
De qui pourray-ie helas! vn prompt secours attendre,
Sinon de toy, SAVVEVR? non-non: ie ne veux prendre
Ma force que de toy, car ta benignité,
Ta grace,& ton pouuoir à ce m'a incité:
Et d'autant, ô SAVVEVR, que ta presence saincte
Est la tremeur, l'effroy, la terreur, & la crainte
Des Mõstres Infernaux , fay moy, ô doux SAVVEVR,
Sur la fin de mes iours ceste rare faueur,
Qu'humilié de cœur,& net de conscience
Ie puisse receuoir ta sacre-saincte Essence,
Et que le vif esclat de ton corps precieux
Repousse loing de moy ces bourreaux Stygieux.

　　　Non: voz hideux regards, vostre rage obstinée,
Voz ensouffrez assaux, ô escadre damnée,
Ne m'esbranleront pas, car la solide foy,
Qu'en ma mort le SAVVEVR, affermira dans moy,
Du corps chasse-Demon la salutaire prise,
Le sainct huilleux secours de la prouide Eglise,
Et le soulagement en moy du ciel infus
Rendront voz effors vains,& voz desseins confus.

　　　Vous Anges bien-heureux, desquels le propre office
Consiste à dissiper la force & l'artifice
Des Ministres d'Enfer, oyez à-ceste-fois,
Oyez or' ou iamais ma suppliante voix:
Quand reduict à l'estroict de l'extreme agonie
Ie sentiray mon corps plein d'angoisse infinie,
Courez à mon secours, forcez, helas! forcez
Les monstres,& tourmens m'assaillans au decez,

N'ēdurez.SAINCTS ARCHERS, n'ēdurez que mō ame,
Qui auec tant d'ardeur maintenant vous reclame,
Succombe en ce combat, mais rompans leurs desseins,
Portez-la doucement dans le seiour des SAINCTS.

   Et toy Pere de tout Roy de misericorde,
Monarque de pitié entend moy, & accorde
Ce point, que pour tous vœus ie t'ose requerir,
Donne qu'en bien-viuant ie puisse bien mourir,
Et que pour bien mourir ie puisse aussi bien viure,
Et afin-qu'en mourant ton trac ie puisse suiure
Au-lieu de la douleur, regret, furie, effroy
Des membres, de l'esprit, des Diables, & de toy,
Dont la mort touche, offense, espouuante, & entame
L'hōme en son corps, aux sens, au iugemēt, en l'ame,
Fay que la charité, l'espoir, constance, & foy
Surmontant la douleur, regret, furie, effroy
Illumine en ma mort, renforce, esleue, enflame
Mes sens, mon iugement, mes membres, & mon ame.
   Ainsi en Terre, au Ciel, en ma vie, en ma mort
Estant mon bien, mon heur, mon appuy, & mon fort,
Tu m'osteras de mal, vice, enfer, & misere   (Pere.
Cōme vray Roy, vray DIEV, vray SAVVEVR, & vray,

Fin de la troisiesme partie des
Deuots Elancemens.

LA PARANESE.
A la Muſe deuote apres la preſentation
de l'Oeuure au Roy.

1.

Vis-que la belle main d'vn Roy incõparable,
Main, qui tenãt cõquis l'Empire des Gaulois,
Doit reduire bien toſt le monde ſoubs ſes Lois:
Ton ouurage à receu d'vn accueil fauorable.

2.

Puis-que ceſt œil Royal, œil formé de Nature
Pour eſtre le Soleil ſur ce bas Vniuers,
Es iours ſainĉts à daigné lire tes deuots vers,
Contempler tes pourtrais, & voir ton eſcriture.

3.

Puis-que ce iugement, dont la viue aſſeurance
En faiĉts, & en propos rend le monde eſtonné,
Quelque mots de loüange à ton Oeuure à donné,
Le monſtrant aux Prelats, & aux Princes de France.

4.

Puis-que ce grand Henry, le Phenix de noſtre âge,
Le miracle de France, & des Roys l'ornement,
Receuant ton liuret, de ſon contentement
Par effeĉt, lettre, & voix à rendu teſmoignage.

5.

Sus, Muſe, ô ſainĉte Muſe, esleue en-haut ta veüe,
Redouble de ton vol les diuins mouuemens,
Et pour toſt acheuer tes ſainĉts Eslancemens,
Fend le broüillart des airs, & l'eſpez de la nüe:

6.

Voy, ô fille du Ciel, que la rage enflammée
De tes amis masquez, songe-mal, enuieux,
Qui chargeoint ton dessein de mots calomnieux,
Par la faueur du Ciel est reduite-en fumée:

7.

Ca rebande tes nerfs, aduance ton courage,
Foule d'vn pied veinqueur toute difficulté,
Plus est grand le trauail que tu auras porté,
Tant-plus doit estre grand le los de ton ouurage.

8.

C'est toy, DIEV tout-puissãt, c'est toy souuerain Pere,
Qui es le conducteur de mon vers apprentif,
Ie refere à toy-seul, comme au premier motif,
Tout ce qu'en ce dessein mon Vranie opere:

9.

Si ma Muse à receu dedans si peu d'espace,
Des Princes, & des Roys recompense, & honneur,
Tout vient de ton bien-faict, tu en es le donneur,
Mais, ô DIEV, dedans moy dilate encor ta grace:

10.

Et puis-que pour ton nom i'ay tracé ce Poëme,
(Bien-qu'en ton los ie sois vn organe inutil)
Permets que mon trauail en effect soit vtil
Aux hommes de sçauoir, au vulgaire, à moy-mesme.

11.

Que les doctes François, dont les plumes succrées
Pour encre n'ont touché que le fiel de Cypris,
Tournant à leur salut leur peine, & leurs escris,
Ne touchent que le miel des matieres sacrées.

12.

Que le vulgaire bas quittant les chansons folles
Qui d'un lubrique son contaminoient leurs mœurs,
Chantent pour reprimer leurs charnelles humeurs
Les sainéts Hymnes tissus de tes sainétes parolles,

13.

Que moy-mesme garny d'exemple memorable
Reduisant mes escrits en actuel effect,
A ceux qui m'ont blessé de parolle & de faiét
Pour un grand mal ie rende un bien innumerable.

14.

Par-ainsi les sçauans, moy-mesme, le vulgaire
Laissant l'impur discours, le vice, & sales motz
Pourront par leurs escrits, actes sainéts, chãts deuotz
Te celebrer, SEIGNEVR, t'obeyr, & te plaire.

EXTRAICT DES LET-
tres du Roy enuoyées à son Altesse de Lorraine sur la reception du liure des Deuots
Eslancemens, presenté à sa Majesté
par le Sieur de Ramberuiller.

MOn frere, ce mot sera pour vous tesmoigner, cōbien i'ay aggreable le seruice que
le Sieur de Ramberuiller, Lieutenant General au Bailliage de l'Euesché de Mets,
m'a faict, en me presentant vn liure qu'il a cōposé,
intitulé, les *Deuots Elancemēs du Poëte Chrestien*, auquel i'ay prins plaisir, & croyés que voꝰ m'en ferez
vntres-agreable, si quelque occasion de le gratifier
se presente, de le vouloir faire pour l'amour de
moy, qui vous en prie, comme aussi de luy tesmoigner combien fauorable luy aura esté ma recommendation. Il est personnage de merite, & lequel,
ie m'asseure, que voꝰ n'aurez point de regret d'employer, non-plus que de continuer à m'aymer. Sur
ce ie prie Dieu qu'il vous ait Mon Frere. En sa saincte & digne garde, escrit à Paris le 7. iour d'Auril.
1600.   *Signé*
       Vostre bien bon Frere

                HENRY.

O

EXTRAICT DES LETTRES
du Roy escriptes à Monseigneur le Cardinal de Lorraine, sur le mesme subiect.

MON Nepueu. I'ay receu vn tel contentement du Sieur de Remberuiller, Lieutenant general au balliage de l'Euesché de Metz, du liure qu'il a composé, & m'a presenté, intitulé les *Deuots Elancemens du Poëte Chrestien*, que ie ne puis que ie ne le vous tesmoigne par ce mot, & vous prier s'il s'offre occasion de faire pour luy, de la vouloir embrasser pour l'amour de moy, affin qu'il cognoisse que vous m'aymez. Sa vertu, & son merite vous le peuuent recommander, mais aussi me veux-ie promettre que ma recommendation ne luy sera inutile. Sur ce Dieu vous ayt.

Mon Nepueu, en sa saincte & digne garde, escript à Paris le 7. d'Auril. 1600.

Signé   HENRY.

& pour Secretaire Ruzé.

L'Autheur aux Lecteurs.

*A*Yant intention auec la faueur du tout-puiſſant, d'employer tous les loyſirs qui me pourront à l'aduenir reſter de l'adminiſtration de la Iuſtice, à la com-poſition de la quatrieſme partie des D E-VOTS ELANCEMENS, qui con-tiendra les Prieres du Prince Eccleſiaſti-que, Temporel, & Guerrier, de l'hōme de Iuſtice, & du populaire, ou ie tâcheray de former comme vn monde de vie à chaſcun d'eux, Ie vous ay voulu faire part de ce Po-lemologue, affin que par le gouſt de ce pre-mier metz, ie collige ſi les autres ſeruices de la meſme table vous ſeront agreables.

XXI

LES DEVOTS ELAN-CEMENS DV POETE CHRESTIEN.

PARTIE IIII.

CONTENANT

I.

Le Polémologue de feu Monseigneur le Duc de Mercœur.

2.

Les larmes publiques sur le trespas du mesme Prince.

LE POLEMOLOGVE,
Ou Priere guerriere de treshaut, etc.
Effunde iram tuam in gentes quæ
te non nouerunt. Psal. 78.

XXII

LE POLEMOLOGVE, OV
PRIERE GVERRIERE:

De Tres-haut, Tres-valeureux, & redouté Prince,
PHILIPPE EMANVEL de Lorraine, Duc de
Mercœur, & de Péteure, Prince du sainct Empire,
Pair de France, Marquis de Nominy, Bauge, &c.
General de l'Armée Imperiale en Hongrie,
allant en Guerre contre le Turc.
A luy presentée par l'Autheur à sainct Nicolas en
Lorraine, le 26. Iuillet 1600.

1.

SEIGNEVR, *dõt le bras, l'œil, la main, la parolle*
Pour t'obeyr, rend doux, soupples, vainqueurs,
    guerriers
Les Monstres, les Demons, les hommes, les Courriers,
De la Mer, des Enfers, de la Terre, & du Pole.

2.

Monarque tout-puißãt, tres-haut DIEV des armées
Qui a ta solde tiens les plus forts Elemens,
Qui pour mettre en effect tes diuers iugement
Fais marcher de ce Tout les forces animées:

3.

Roy infiniment fort, dont le Throne-de-gloire
Brille en toutes ses pars de palmes, & Lauriers,
Tellement que ça-bas les combattans Guerriers
Ne peuuent que par toy emporter la victoire:

4.

Bien-qu'estant vn pecheur, à qui le doux vsage
De parler, & gemir par le vice est osté,
Ie n'ose de ma voix tenter ta Majesté,
Ny de la Terre au Ciel esleuer mon visage.

5.

Si sens-ie toutesfois qu'vne esmotion douce
Et pour toy, & pour moy me contraint de parler,
Car pour en ce discours ta loüange est aler
Non mon merite las! ains ton bien-faict me pousse:

6.

Mon estre, & mon peché commande de me taire
Et ma necessité m'oblige à te prier,
Hé! ne vaut-il-pas mieux ma langue desplier,
Qu'obmettre en me taisant vn œuure salutaire?

7.

Mais par quel bout faut-il ourdir ceste harangue,
Si ie veux, ô bon DIEV, publier tes bien-fais?
Car pour dire à-propos les biens que tu m'as fais,
Ie sens manquer le temps, mon esprit, & ma langue.

8.

Ainsi ne pouuant pas dignement satisfaire
A ce que ie te dois, prens en gré le pouuoir
De mon debile effort, & daigne receuoir
Pour tout ce qui t'est deu, ce peu que ie peux faire.

9.

Faisant donc tout l'effort, qui gist en l'ame humaine,
Ie te loüe, & rend grace, ô DIEV, puis-qu'il t'a pleu
Me faire naistre Prince extrait du sang esleu
Des grands Roys de Solyme, & des Ducs de Lorraine.

10.

Ie te rends graces aussi que mon ame est esprise
Du soin, qui boüillonnoit au cœur de mes Ayeux,
Qui n'estoient en leur temps de rien ambitieux
Que de porter par tout l'honneur de ton Eglise,

11.

I'exalte encor ton nom, en ce que quand l'orage
Ton Eglise agitoit des flots plus vehemens,
Tu m'as choisy, SEIGNEVR, pour l'vn des instrumens,
Qui en France ont gardé ton vaisseau de naufrage,

12.

Et ie te loüe encor, qu'ayant en la Bretaigne
L'estandart de ta foy heureusement porté,
Ie me voy sainctement ores sollicité,
A guerroyer les Turcs par l'estat d'Alemaigne:

13.

Ce sera donc SEIGNEVR, ma douce destinée
D'estre en la liste escrit des Princes de ta Foy:
I'auray donc ce bon-heur qu'en trauaillant pour toy,
Heureusement sera ma vie terminée?

14.

O semonce ioyeuse! ô bon-heur admirable!
O tout-sucré trauail ! ô douce fonction!
De commander aux tiens, d'estre ton Champion,
Et me sentir chargé d'vn faix tant honorable !

15.

Ay-ie l'espaule donc si nerueusement-large,
Ay-ie, ô grand DIEV, dans moy telle capacité,
Que ie sois maintenant par ton choix reputé
Digne de rare honneur d'vne si belle charge?

16.

Non, ce n'est pas, SEIGNEVR, ce n'est pas mõ merite
Qui m'esleue au degré de cest aduancement,
C'est ta seule faueur, c'est ton doux iugement,
Qui m'appelle à ce bien, & l'ardeur m'en excite:

17.

Aussi pour satisfaire à ton vouloir supréme
Voicy, ie t'offre, ô DIEV, mes effors plus-puissans,
Ma milice, mon sang, mon esprit, & mes sens,
Et pour te donner tout, ie me quitte moy-mesme:

18.

Car d'vn veu solemnel deuant toy ie proteste,
Qu'a ces armes porté ie ne suis par desdain,
Par l'humaine grandeur, vaine gloire, ou le gain,
Passions des guerriers que i'abhorre, & deteste:

19.

Mais pour fin, pour dessein, pour mõ but, pour amorce
La vengeance, l'honneur, l'affliction, l'effroy
De nos maux, de ton Nom, des Chrestiens, de la Foy
Contre les Turcs m'esmeut, me pousse, presse, & force:

20.

Enfin tu sçais, SEIGNEVR, que le but où ie vise,
N'est des impuretez de la Terre empesché,
Las! tu le cognois bien, car rien ne t'est caché,
,, Et la faintise au monde à toy n'est pas faintise.

21.

Mais comme l'artisan commençant son ouurage,
D'vne soigneuse main visite son outil,
Et s'il le voit roüillé, tortu, moussé, inutil,
Il le dresse & polit pour le mettre en vsage.

22.

Fay de mesme vers moy, ô debonnaire pere,
Et puis-qu'en ce dessein ie suis ton instrument,
Dresse moy, forme moy, poly moy doucement,
Affin-qu'en ceste guerre heureusement i'opere,

23.

Las! par l'infirmité de ma foible nature,
Par l'appas de la chair, & l'effort du peché
Comme fragile humain, ie me sens entaché,
Et en l'ame, & au corps de mainte, & mainte ordure.

24.

Mais pour ma roüille oster, & purger ceste crasse,
Domte & froisse mon cœur par la contrition,
Touche & lime mes sens par la confession,
Et reblanchy, SEIGNEVR, mon ame par ta grace:

25.

De-la fay que garny de grace, & d'innocence,
C'est extreme bon-heur ie sois digne d'auoir,
Que de m'vnir à toy, & souuent receuoir
De ton precieux Corps la supernelle essence:

26.

Ie sçay que de ce pain la fructueuse prise
Donne force à noz corps, au sens subtilité,
Succez a noz dessains, a noz esprits clarté,
Et que d'vn heur parfait noz faits elle authorise.

27.

Aussi puis-que ton Corps est l'asseuré principe,
D'asseurance, valeur, de gloire, & de secours,
Ie veux prendre vers luy, non ailleurs mon recours,
Afin qu'à tous ses biens ça-bas ie participe.

28.

Me faisant donc gouster ton essence supreme,
Fay moy gouster son fruict celestement parfaict,
Afin qu'on puisse veoir tout-a-coup son effet,
Operer sur le Turc, sur ton peuple, & moy-mesme:

29.

Dŏne, SEIGNEVR, qu'estãt de moy-mesme le maistre,
Ie me rende vainqueur de mes affections,
Si-que par ton secours les salles passions
Trouuent dans moy leur mort aussi-tost que le naistre.

30.

Donne, que par l'effort de ta saincte assistance
Ma raison donne loy à mes rebelles sens,
Et que ma chair rendant ses attraits impuissans,
Dans moy iamais ne face à l'ame resistance.

31.

Fay que si viuement ceste guerre possede
Mes membres, mon penser, mes os, & mes esprits,
Que d'autre soin plus-vif mon cœur ne soit espris,
Et que le soin guerrier tout autre soin excede.

32.

Dãs mõ cœur, ô grãd DIEV, tien l'asseurãce emprein-
Sans que le pasle effroy le puisse oncques charger,   (te,
Ains que tant plus sera hazardeux le danger,
Tant plus soit esloigné mon courage de crainte.

33.

Que mon ardeur ne soit neantmoins temeraire,
Mon dessein trop-boüillant mon sens precipité,
Mais fay moy circonspect en la necessité,
Pour soudain remarquer ce qu'il me faudra faire.

34.

Que le sage conseil, & la prudence accorte
Soient les auant-coureurs de mes guerriers desseins,
Et si la hardiesse est en mes explois saints,
Que la prudence soit à ses flancs pour escorte.

35.

A cest effet, SEIGNEVR, mon esprit subtilise,
Rebande les ressors de mon entendement,
Alembique mes sens poly mon iugement,
Eslargi mon vsage, & ma memoire aguise.

36.

Ie sçay, helas! bon DIEV, qu'il faut que ie supporte
Combattant pour ta foy, mille, & mille trauaus,
Et que pour subsister aux fais de tant de maus,
L'humaine infirmité à-peine est assez forte.

37.

Mais toy, qui és le DIEV des armes, & de force,
Donne à mes membres las! les plus vifs mouuemens,
Faisant-qu'au plus destroict des bellicqueux tourmens
Au lieu de s'abbaisser ma force se renforce.

·38

Ie sçay que le dessein, que la main valeureuse
Par bon conseil en guerre ordinairement faict,
Iamais ne reüssit à vn bon-heur parfaict,
Si l'entreprinse n'est par toy rendüe heureuse.

39.

C'est pourquoy ie te prie, ô seul Monarque, rendre
Mes belliqueus desseins de bon-heur couronnez,
Et combler de mal-heur les Escadrons lunez
Et tout ce qu'ils voudront contre nous entreprendre.

40.

En faueur de ce Chien brutal, & infidelle,
Seroit ton peuple sainct de desastre battu?
Las! tout heur vient de toy, pourquoy donc voudrois-tu
Destourner ton propre heur de ta propre querelle?

41.

,, *On ne peut à bon port conduire la milice,*
,, *Sans establir au camp vn iuste reglement,*
Fay moy donc, ô SEIGNEVR garder estroictement
Entre tant de Soldas, vne exacte police:

42.

Donne, que par le frain de la Loy militaire
Ie puisse des meschans brider l'impureté,
Que donnant à-propos le loyer merité,
I'esperonne les cœurs des vaillans à mieux-faire.

43.

Que ma seuerité leur malice tempere,
Que ma clemence aussi leur derobe le cœur,
Que me rendant des bons, & des mauuais veinqueur,
Ie sois craint comme Iuge, & chery comme Pere.

44.

Saincts Princes, mes Ayeux, dont la dextre animée
Conduisant outre Mer les Chrestiens estandars,
Tant de fois à rompu les Musulmans Soudars,
Pour le sceptre emporter de la Terre Idumée.

45.

Puis-que pour guerdonner la peine par vous prise,
DIEV vous tient au plus bas de la voulte des Cieux,
Iettans ça-bas vn traict de voz cler-voyans yeux,
Voyez, vaillans Heros, voyez mon entreprise,

Vn

46.

Vn Prince iſſu de vous, pouſſé de voſtre zele
Encerné, comme vous, de Soudars, tient au poing
Voz armes pour combattre, & de prés, & de loing
Vn ſemblable ennemy pour ſemblable querelle,

47.

Eſpandans deuant DIEV voſtre voix ſecourable
Changés l'eſtat confus de mes affections
En l'eſtat non-fautif de voz perfections,
Faiſans qu'en ceſte guerre à vous ie ſoìs ſemblable.

48.

Mais puis-qu'on voit helas! ceſte execrable enfance
Par le reſueur diſcours d'vn felon Impoſteur
Se bander contre toy, il faut ô REDEMPTEVR,
Contre ton ennemy implorer ta vengeance.

49.

Peux-tu ſouffrir vn peuple extreme en Barbarie,
Monſtrueux en forfaicts, plein de brutalité,
Deteſtable en ſes mœurs, horrible en cruauté,
Qui pour Religion ne tient que reſuerie?

50.

As tu, helas! peu voir ceſte indigne racaille,
Sortant confuſément des Scytique Hameaus
De tant de Roys voiſins ſe rendre les Bourreaus,
Et gaigner ſans raiſon mainte, & mainte bataille?

51.

Hé! poſſible eſt-il bien, las! eſt-il bien poſſible,
Que ce Monſtre ennemy de ta diuinité
Par trahiſon, par ſang, par infidelité
Iuſques à maintenant ſe ſoit faict innincible?

P

52.

Quand de l'âge premier la race pechereſſe
Rendit les Elemens par ſon crime infectez,
Ton bras iuſtement meu de tant d'Enormitez,
Deſſit tous les viuans par l'onde vengereſſe.

53

Las! pourquoy voudrois-tu dilayant ta iuſtice
Porter encor long temps ces fleaus de l'Vniuers
Qui touchans le ſommet de tous crimes peruers
Surmontent la moderne, & l'antique malice?

54.

Et ſi l'infiny tas de leurs crimes extremes
Ne peut encor vers toy leur ruine operer,
Vueille, ô iuſte vengeur, vueille conſiderer
Ce que ces Chiens ont fait & font contre nous-meſmes.

55.

Pour de tes ſeruiteurs rendre la race eſteinte,
A-outrance exerceant cent mille cruautez,
Par flamme ils ont razé les Chreſtiennes Citez,
Couuers les champs de corps, & de ſang la mer teinte.

56.

Et ceux, qui eſchappez de leur rage aſſouuie,
Demeurent parmy eux de-cadenes chargez,
Sont ſi eſtrangement de tous maux affligez,
Que la mort leur ſeroit plus douce que la vie.

57.

Du Tyran Memphien quand la main courroucée
Accabloit Iſraël d'incroyables trauaux,
La pitoyable voix, que parmy tant de maux
Le peuple Hebrieu ietta, par toy fut exaucée.

58.

Et les tiens endurans vn Occean de peines,
Vn monde de tourmens sous les Turcs insensez,
Iettans leurs voix au Ciel palliront repoußez,
Seront leurs cris perdus, & leurs complaintes vaines?

59.

Non, SEIGNEVR, helas non, tant d'estranges miseres,
Tant d'effroyables maus, tant de penibles fers
Ne peuuent si long temps estre de toy souffers,
Que pour seruir de boys au feu de tes coleres.

60.

Et si ce Monstre infect, l'excrement de nature,
N'est point encor touché des trais de ton courrous,
Ou pour son propre crime, ou pour respect de nous
Vange, au moins, ô SAVVEVR, vange ta propre iniure.

61.

Helas! ne vois-tu pas que ses effors extremes,
Ne tendent de long-temps, SAVVEVR, à autre fin,
Que d'esteindre l'honneur de ton sainct Nom, affin
Que ta religion succombe à ses blasphemes?

62.

Contre ton culte sainct, vsant de leur victoire,
Ils ont pollu l'honneur de tes Temples sacrez,
Ils ont versé le sang des Prestres massacrez,
Ils ont ton peuple esteint pour esteindre ta gloire.

63.

Ton Corps, l'honneur du Ciel, leur sert de mocquerie,
Qu'ils foullent sous les pieds, & de ta passion
Les sacré sains outilz, luy sont derision,
Et contre ce qu'est tien il bande sa furie.

P 2

64.

Ou eſt donc maintenant ta ſainĉte ialouſie,
Ou eſt ton chaut courroux ſi ardamment eſpris
Contre ceux, qui tenans ton honneur à meſpris,
D'vn autre DIEV, que toy, auoient l'ame ſaiſie?

65.

Tous les felons Tyrans, qui par feu, par blaſphemes,
Par ruynes, par ſang ton ire ont excité,
Sentans le coup vangeur de ton bras irrité,
Ont enduré iadis des ſupplices extremes.

66.

Et du fier Muſſulman la malice infinie,
La blaſphemante voix, l'horrible impieté,
Brauant impudemment ta haute Maieſté,
Demeurera, SAVVEVR, en noz iours impunie?

67.

Les Barbares, helas! diront en leur penſée,
Que noſtre foy n'eſt pas la veritable foy,
Puis-que contre l'effort de l'Agarene loy,
Si long temps ſans ſecours elle eſt de toy laiſſée?

68.

Oſte l'occaſion à ces penſers profanes,
Exerce, ô doux SAVVEVR, ta clemence enuers nous,
Contre tes ennemis delâche ton courroux,
Rigoureux à tes fleaus, benin à tes organes.

69.

Si tu veux de ton nom la ſauue-garde prendre,
Il eſt temps ou iamais, SAVVEVR, de t'eſmouuoir,
Il eſt temps de monſtrer ton iuſticier pouuoir,
En voicy le vray point, il ne faut plus attendre.

70.

Magnanimes guerriers, sainéts vaisseaux de sainét
Qui par moy enrollés sous l'Aigle Imperial,   (zele,
Abandonnés voz corps au danger Martial,
Pour soustenir la foy contre vn Tigre infidele.

71.

Leuez voz cœurs au Ciel, enflez voftre courage,
Vous armans au dedans aussi bien qu'au dehors
Soyez en l'ame netz, comme fermes du corps,
Et vous serez le fleau de la Turquesque rage.

72.

Si voftre affeétion en cefte guerre eft saine,
Si ployans sous le ioug des sainéts commandemens,
Vous vous rendez de DIEV les dignes inftrumens
Ia, mes freres, ie voy la viétoire certaine :

73.

C'eft faiét, ô tout-puissant, c'eft faiét, car ta iuftice
Donnant ce dernier coup à ce Monftre eftranger
Pour esleuer les tiens, t'a faiét ores changer
Ta longue tolerance en vn iufte supplice.

74.

Tu veux qu'a la douceur cede la Barbarie,
Tu veux que ton honneur domte l'impieté,
Le temps en eft venu, car tu as arrefté
Que le tout soit reduit sous vne Bergerie.

P 3

75.

Ainsi les Musulmans, les Chrestiens, & les Anges
Conuertis à ta foy, s'esiouyssans, ioyeux
Alors feront en l'air, aux Eglises, aux Cieux
Bruire tes Hymnes saincts, ta gloire, tes loüanges,

FIN.

ADVERTISSEMENT
au Lecteur.

Ource que ceste priere guerriere fut presentée à Monseigneur le Duc de Mercœur auant son partement pour la guerre d'Hongrie, il ne sera hors de propos de
te donner aduis, Amy Lecteur, de l'euenement de
ceste guerre, qui est comme la suitte, & l'effect de
ce Polemologue.

L'an 1600. ledict Seigneur artiua à Vienne, la
saison fort aduancée, & Canise assiegée partit auec
vne armée de quatorze mille hómes pour tascher
d'y ietter quelques gens, & a cest effect se tint huict
iours logé pres de l'armée ennemie, qui estoit de
plus de six vingts mille combatans, & y estant tous
les iours aux mains auec eux, gaigna sur eux douze
pieces d'Artillerie, auec l'equipage, & les Buffles
qui les menoiét, & leur deffit beaucoup de trouppes: En fin faute de viures fut contrainct se retirer
sans pouuoir acheuer son dessein, auec toutesfois
tant de valeur & de códuitte, qu'ayant à sa retraicte

la pluſpart de la Caualerie & beaucoup d'Infante-
rie ennemye ſur les bras ſe retira tonſiours com-
batant , iuſques a çe que les ennemis approchant
la nuict, ſe retirerent les premiers.

L'an 1601. ledit Seigneur Duc auec les forces de
l'Empereur, vint és enuirons d'Albergale , & en
Allemant Stulvveiſſeburg, diſtáte de Buda d'enui-
ró cinq lieues, & de prinſaut aſſiegea & print deux
Chaſteaux, l'vn appellé Schonkaki & l'autre Chik-
vvart, de-la inueſtit ladicte ville d'Albergale, força
les Fauxbourgs & la ville baſſe par eſcalade & petards, & le 20. iour de Septembre dernier ayãt faict
batterie, & breſche raiſonnables dõna l'aſſaut ſi fu-
rieuſement que nonobſtant la viue reſiſtance des
Turcs, il emporta la ville, print priſonnier le Bacha
auec quatre vingts cinq Turcs , s'eſtans retirez en
vne Tour d'Egliſe qui ſe ſont rédus par cõpoſition.

Peu apres ceſte prinſe l'Armée du Turc arriua
deuant ladicte ville, & l'inueſtit auec vne armée de
quatre vingts mille combatans & plus , auec bon
nombre d'Artillerie , ou eſtoiët le Baſcha de Bude,
le Tyaia qu'eſt à dire Mareſchal de camp, & Aſam
Baſcha Vizir, c'eſt à dire general.

L'Armée des Chreſtiens eſtoit logée proche de
la ville, en laquelle Mõſeigneur de Mercœur entra
pour munir la ville des choſes neceſſaires, a reſiſter
à vn ſi puiſſant ennemy, & ayant faict il retourna au
cãp, ou eſtoit Monſeigneur l'Archiduc Matthias.

L'ennemy recognoiſſant ne pouuoit prendre la
ville que premier il n'euſt d'effaict l'armée Chre-

tienne, qui luy faisoit espaule, se resolut d'assaillir le champ & l'emporter, de sorte qu'auec grãde impetuosité il donna sur l'armée des Chrestiens, & y eut de premier abbord quelques trouppes des nostres deffaictes, mais en fin par la bonne conduicte de Monseigneur de Mercueur, l'ennemy fut repoussé auec grand nombre de morts, & prise de douze pieces d'Artilerie.

Le lendemain & le troisiesme iour, les escarmouches continuerent entre les deux armeés.

Le quatriesme iour Vizir Bacha, ayant faict quelque reproche au Bacha de Bude, à cause que la ville prinse estoit sous son gouuernement, ledict Bacha & le Thyaia auec la fleur de la Caualerie, aborderent l'armeé Chrestienne & entrerent bien auant dans le camp auec perte des nostres, iusques au regiment de Cauallerie de Mõseigneur de Mercœur composé de six cornettes seulement : la sienne cõmandée par le sieur de la Grange, gentil'homme Poiteuin, celles du sieur de Tilly & Comte Ernst, gentils-hommes des pays bas, celles des sieurs de Valhey & de Mauleon, gentils-hommes Lorrains, & celle du sieur de tripé, gentil'homme Liegeois, ou les susdicts Bacha & Thyaia furent tués, & leur armée contraincte de se retirer, & quitter leur entreprinse.

L'éuenement de ceste guerre nous faict foy que ledict Seigneur Duc à esté assisté d'vne particuliere grace de Dieu, de laquelle tous Chrestiens luy doiuent rendre graces immortelles.

Quelque temps apres , comme ce grand Prince
reprenant haleine apres tant de trauaux guerriers,
voulut faire vn voyage en Lorraine , il fut saisi sur
le chemin d'vne dangereuse fieure , de laquelle il
deceda à Nuremberg , au grand regret de l'Empereur , & de tous Chrestiens , & comme i'auois ac-
compagné son voyage de son Polemologue,
mon deuoir,& l'admonition d'vn Grand
m'ont faict ietter ces LARMES
PVBLIQVES sur son
tombeau.

LES LARMES PVBLIQVES

sur le trespas de feu Tres-haut, Tres-valeureux, & redouté Prince, P H I-LIPPE E M A N V E L de Lorraine, Duc de Mercœur, & de Penthieure, Prince du S. Empire, de Martigues, &c. Pair de Fràce, Marquis de Nominy, Bauge, &c. Lieutenant General de la Maiesté Imperiale, és armées d'Hongrie, contre les Infideles.

Dᴠ Camp Imperial les Guerriers haletans
Auoient des-ia plàté leurs drappeaus voletàs
Sur les hauts bastions de la Cité conquise,
Ia l'inuincible force, & la prudence exquise
Du grand E M A N V E L par combas obstinez
Auoit en-routte-mis les Escadrons Lunez
Du brutal Musulman, en-sorte-que la gloire
Faisoit briller par-tout l'esclat de sa victoire:
Quand d'aise bondissant, & d'alegresse épris
Ie captiuois mes sens, ie bandois mes espris.

Et tirois le plus-pur de mon ame eschauffée
Pour entonner vn chant, qui serue de Troffée
A ce Guerrier veinqueur, afin qu'en l'Vniuers
Son renom fut porté par l'aisle de mes vers:

Mais comme ie taschoy de buriner sa gloire
Dans l'immortel Airain du temple de memoire,
Voicy, le PRINCE meurt, & les fieureux accez
Sur le fatal retour procurans son decez
Ont par vn-mesme-coup rompu mon entreprise,
Esteint l'heur de l'Europe, & l'espoir de l'Eglise.

O funeste accident! ô desastre obstiné!
O extreme mal-heur! ô cas infortuné!
O dommage infiny! ô perte irreparable!
O estrange meschef! ô trespas déplorable!

Ha! le Soleil, l'effroy, le bon-heur, le rampart,
Des valeureux, du Turc, des armes, du Soudart,
Par ce desastre perd, met-bas, abbat, delaisse,
Sa clarté, sa terreur, son effet, sa hautesse!

Pour doncques publier ton regret vehement,
Change en robe de dueil ton ioyeux vestement,
O Muse, mon doux soin, & sur ta cheuelure
Enlace du Cyprés la funebre parure,
Ou-bien pour ta complainte à la cause esgaler
Emprunte de Dido le douloreux parler,
D'Hecube les sanglots, les plaintes de Narcisse,
Les larmes de Biblys, & les regrets d'Vlysse:
Mais non, mon cher hōneur, non-non, ne tache-point
La grandeur de ton dueil rendre égal en-tout-point
A la grandeur du mal, car la perte est extreme
Immense, incomparable, & le dueil de soy-mesme,

Comme effect, ne peut-pas toucher l'esgalité:
    Car de-vray, quel grand tas, quelle diuersité
D'obiects à ma douleur voy-ie icy espandue?
L'abondance me nuit, & mon ame esperdue
Se perd dans l'infiny de tes perfections,
Si i'ose tant soit peu toucher tes actions
Ton haut sang, ou tes mœurs, ô Phœnix de nostre âge,
Mon cœur sera sans poux, ma bouche sans langage,
Et mon poulmon sans voix, car mon entendement
Ne peut porter le faix d'vn si riche argument.

    C'est pourquoy ie ne veux renouueller l'histoire
De tes Ancestres grands, qui excedans en gloire
Tous Princes de leur temps, par leurs guerriers exploix
Es champs Idumeans ont replanté la Crois,
Et fracassans l'effort des Infideles Princes
Ont reduit à la foy maintes grandes Prouinces:
Il ne te suffit donc seulement d'estre extrait
Par sang de tant d'Heros, mais ta vie en-effet
Monstre que leur vertu te fut hereditaire:
Comme eux tu as battu le Scythique aduersaire,
Comme eux tu as le nom d'vn grand guerrier acquis,
Comme eux tu as n'aguere vn pays reconquis,
Comme eux tu as rendu nostre camp redoutable
Contre le grand effort du Turc espouuantable,
Si-qu'estant nostre appuy, & du Scythe l'effroy,
On te doit appeller le second Godefroy.

    Aussi de pieté la salutaire flame
Sainctement eschauffoit tes membres, & ton ame,
Et de si beaus effets causoit l'aduancement,
» Car bien-que le guerrier excelle esgalement

„ *En sagesse, & valeur, sur qualitez si belles*
„ *Il ne peut toutesfois des palmes immortelles*
„ *Edifier l'honneur, s'il n'a au cœur planté*
„ *Pour ferme fondement le roc de pieté:*
Ceux qui de-pres ont veu l'action de ta vie
N'ont-ils pas remarqué de ton ame rauie
L'entousiasme vif, les beaus enleuemens,
Les rauissans discours, & les saincts mouuemens?
N'ont-ils pas recognu par maint acte notable
Rien ne t'estre plus doux, plaisant, & delectable
Que quand, libre du-tout des soins de ce bas lieu,
Ou DIEV *parloit à toy, ou tu parlois à* DIEV?
Ie t'ay veu quelquesfois épris de la lecture
D'vn Poëme deuot, sentir telle pointure
De l'eguillon diuin, que de soupirs ardans
Ta bouche resonnoit, & les pleurs abondans
Decouloient de tes yeux, si-qu'vn Zele supreme
Faisoit vn doux transport de toy hors de toy-mesmes
Pour donc ne te priuer de ton los merité
Tu seras entre nous Dauid en pieté.

   Et afin-qu'indiscret à tout vent, qui se leue
Sur mon triste discours, les voiles ie n'esleue
De mon voguant vaisseau, ie ne veux enfiler
Au rang de mes propos ton excellent parler,
Ton eloquence extreme, & ta rare faconde,
Dont l'ornement diuers estonnoit tout le monde,
Et par le doux Aymant de ses accens vainqueurs
Toute oreille perçoit pour derober les cœurs,
Te rendant en ce siecle vn Nestor en langage:
   Moins veux-ie encor coucher au blanc de ceste page

De ton subtil esprit les nobles actions,
Qui pour acheminer ses inclinations
Ioignant le doux plaisir à la docte industrie,
S'occupoit aux beaus trais de la Geometrie,
Sçauoit dresser les plans, les mines euenter,
Flanquer les bastions, & le Canon pointer,
Entendoit sur le doigt tout commode artifice
Qui en Ville, & aux Champs peut ayder la Milice,
Si-bien que pour combattre en la Terre, & sur l'eau
On te pouuoit tenir Archimede nouueau :
    Mais, belle ame, ie veux de la riche couronne,
Qui sur ton chef guerrier brillantement rayonne,
Trois fueillettes toucher, car si ie peux, ie dois
Hardy, grossir vn peu le bas ton de ma vois,
Pour tirer de l'oubly, & mettre-en-euidence
Le bon-heur, la valeur, & l'accorte Prudence
Dont le Ciel te tenoit enuironné ça-bas,
Quand la necessité t'appelloit aux combas :
    He-DIEV ! de quel beau chãt, de quel ton cõuenable
Pourray-ie discourir de cet heur admirable,
Heur, qui tousiours conioint à tes effets guerriers
Ceignoit autant de fois ta teste de Lauriers
Que tu frappois de coups ? car lors-qu'en la Bretaigne
Tu battois quelque mur, on tenois la campagne,
Ton Camp ne fut iamais de desastre battu,
La fortune campagne à ta forte vertu
Liant à tes combas, pour suitte, la victoire,
Couronnoit tes desseins d'vne infaillible gloire :
Et mesmes quand l'ardeur de ton zele feruent
De France eut transporté tes armes au Leuant.

Le bon-heur de ta main heureusement fatale
Preseruant de tout mal l'armée Imperiale
D'vn choc victorieux les Turcs à terrassez,
Ou d'vn assaut veinqueur leurs rampars à forcez,
Ou-bien fendant leur Camp à viue-force-ouuerte
A gauchy l'accident d'vne euidente perte,
Tellement-que tu as, belle ame, cet honneur
D'estre tenu de nous vn Alexandre en heur.

   Mais quoy? PRINCE excellent, sera il bien possible
De dire, ou conceuoir ta proüesse indicible,
Qui en tout ce grand Rond, qu'œillade le Soleil,
Ne voyoit rien à soy que soy-mesme pareil?
Qui nonobstant l'effort des contraires obstacles
A fait voir en noz iours cent Martiaux miracles?
Et si quelqu'vn d'ennie, ou de haine incité
Ne veut donner creance à ceste verité,
Qu'il oste le bandeau des passions, qu'il aille
Es Armoriques champs contempler la bataille
Par toy liurée à Cran, qu'il voye, curieux,
Tant de sanglans combas, tant d'assaus furieux
Par qui, ta main rendant l'impossible possible,
T'a maintenu tousiours en la France inuincible,
Iusqu'a-tant-que ton bras accortement loyal
A son fer abbaissé soubs le sceptre Royal.

   Et puis, quel instrument, quel tiltre, quelle preuue
Plus solide, authentique, & plus ferme se treuue
De ta rare valeur, que le mur emporté
Et les Faux-bours conquis de l'antique Cité
De l'Hongroise Albergale? ou ta vertu guerriere
A fait, plus que iamais, esclater sa lumiere?

Car bien-que des marais la bourbeuse grandeur,
Les flanc des Bastions, de l'eau la profondeur,
Des Soudars assiegez l'escumante furie,
La fermeté des murs, & de l'artillerie
Le meurtrier appareil, & la proximité
Du secours Budean, rendit de tout costé
A la force Chrestienne imprenable Albergale,
Conduisant neanmoins l'Armée Imperiale
Au pays ennemy, soudain, tu inuestis
Enfonças par petards, & du Canon battis
Presqu'en vn mesme temps ceste place importante,
Puis vsant sur le champ de la fureur ardente
Des Chrestiens eschauffez, tu as d'vn seul effort
Les tenans renuersez, & d'assaut pris le Fort.

Ce grand combat finy, belle ame, comme à peine
Tes pantelans Soudars reprenoient leur haleine,
Voicy, des Turcs felons l'exercite irrité
Subitement enceint ton Camp, & la Cité
D'infinis combatans, pensant par mesmes armes
Et reprendre la ville, & occir tes Gens-darmes:
Mais ayant par trois fois d'vn courage enragé
Ton petit escadron à-outrance chargé
Le Barbare, rompu par ta sage conduite
Sentit ses Chefs deffais, & son Camp mis en fuitte,
Et ne peut rien tirer de son extreme effort,
Que la routte des siens, & la perte du Fort,
Te laissant pour loyer de sa peine inutile,
La victoire entre mains, son Canon, & la ville,
Et se rendant tesmoin par ceste aduersité
Que moins qu'vn Scanderberg il ne t'a redouté.

Q

Quoy? pour n'accourcir-point le cours de ma carriere
Adiouteray-ie encor ta sagesse Guerriere
Au comble de ton los? ô bon DIEV quel peché
Ce seroit de tenir cet ornement caché.

  Belle ame, si iamais Empereur, Roy, ou Prince
A faict voir les effects hors ou dans sa Prouince
D'vn admirable sens, certes, ô grand Guerrier,
Tu merites l'honneur du Chesne, & du Laurier,
I'en appelle à tesmoins ce tant-fameux voyage
Lequel, foible d'armée, & puissant en courage
Tu fis contre l'effort des Scythes enragez
Pour sauuer les Chrestiens dans Canize assiegez:
Le Turc non-moins en cœur qu'en nombre redoutable
Battoit les murs Chrestiens du foudre espouuentable
De ses Canons tonnans, & seurement logé
Ne pouuoit qu'auec perte estre de nous chargé,
Quand aiguisant les cœurs de ta trouppe petite
Tu vins choquer sans-peur l'Infidele exercite,
Choquant tu mis-à-mort maint Barbare Esquadron,
Et emportas, vainqueur, pour butin, son Canon,
Mais voyant que ton Camp affoibly de famine,
Matté par la saison, & voisin de ruine
Ne pouuoit longuement tant de maux endurer,
Tu voulus tes Soudars en ordre retirer,
En sorte qu'euitant vne entiere defaite,
Tu fis, en vray Guerrier, vne sage retraite
Combattant à tout coup, & d'vn choc courageux
Fendis le plus espez du Tartare outrageux,
Qui les Tiens encernant d'vn nombre innumerable
Pensoit les moissonner au tranchant de son sable,

Iusqu'a tant qu'estonné, & maintesfois battu
Se retirant en fin il loüa ta vertu:
Belle ame, reçoy donc pour recompense iuste
Le cerne en rond-plié du beau Chesne d'Auguste,
„ Car celuy qui de mort tout vn Camp à sauué
„ D'vn plus sublime los se doit voir esleué
„ Que l'homme Martial, qui par son glaiue en guerre
„ Trente mille ennemis estend mors sur la terre.
   Voila donc vne part des chefs-d'œuures diuers,
Dont tu as, ô saincte ame, embelly l'Vniuers,
Te rendant par les fais de ta vie admirable
Inimitable en mœurs, en heur incomparable?
Mais pour de plus en plus encor ta vie orner
Le fauorable Ciel à voulu couronner
D'vn precieux trespas le beau cours de ton âge:
   Tu estois au milieu de l'alegre voyage
Qui te portoit au sein de ton pays natal,
Quand le pourpre brulant, sinistrement fatal
S'inuestit de ton corps, tes membres assassine,
Euapore ton sang, ton embompoint butine,
Desseche ton humeur radicale, & esteint
La neige de ta chair, & l'œillet de ton teint,
Tellement qu'accablé de ta fieureuse peine
Prouide, tu cognus la mort t'estre prochaine:
   Alors quittant le faix des negoces humains,
Tu esleuas au Ciel ton esprit, & tes mains,
Et doucement aydé par la saincte assistance
D'vn sage Confesseur, de l'alme penitence
Tu goustas le doux fruict, & pour te combler d'heur
Le salutaire corps du tout-puissant SAVVEVR

Seruit sur le depart à ton ame d'escorte,
Qui de candeur armée, & de merites forte
Part doucement du corps, & vole deuant DIEV.

　Or Adieu donc, belle ame, Adieu, belle ame, Adieu,
Adieu l'vnic amour de la Bretonne terre,
Merueille de noz iours, puissant foudre de guerre,
Terreur de l'Alcoran, seur rampart de la Foy,
Cœur des Soudars Chrestiens, des Barbares l'effroy,
Adieu sacré rameau de la race sublime
Des grands Ducs de Lorraine, & des Roys de Solyme,
Race, qui a tousiours d'ornement precieux
Peuplé la terre basse, & d'hommes sainicts les Cieux,
Va, genereux esprit, va d'alegre volée
Iouyr du grand Sabat dans la voute Estoillée,
Et prenant ton repos eternellement doux
Demeure fleau au Turc, & Boulevart à nous.

　Ce-pendant la douleur, qui cachée en mon ame
Soubs la cendre couuoit, peu-à-peu se renflame
Flamboyante craquette, & à toute rigueur
Brauant mes sens, se rend maistresse de mon cœur,
Las! ie ne suis à moy, sa violence forte
Me derobe à moy-mesme, & ma raison emporte.

　O Pere souuerain, dont le tout-puissant bras
N'opere iamais rien qu'en prenant icy-bas
Pour regle le vray bien, pour compas la droicture,
De qui l'ire est sans tort, & le fleau sans iniure,
Pourquoy las! permes-tu le grand Duc de Mercœur
Le pilier de ta Foy, des Scythes le veinqueur
Au plus notable point de sa course guerriere
Estre si tost couche' dans la funebre biére?

Ie sçay, que si ie veux, sage considerer
Les dons, dont il te plait maintenant bien-heurer
Ce sage-preux Heros dedans ta Court luysante,
Ie n'auray de mon dueil matiere suffisante,
Ains plustost mon esprit d'allegresse excité
Admirera l'estat de sa felicité
S'esiouyssant de voir du Monde miserable
Ce PRINCE estre porté en l'heur incomparable,
Car le guerrier trauail en Hongrie enduré
Ayant son bel esprit de macule espuré
Et luy causant la mort, ore en la main luy plante
Comme à un vray Martyr, la palme estincelante:
Mais las! puis-que viuant sur terre, il a esté
En race un Godefroy, Dauid en pieté,
Nestor en eloquence, & qu'il t'a pleu le rendre
Archimede en desseins, en bon-heur Alexandre,
Scanderberg en courage, & Auguste en conseil,
Puis-qu'en guerre il estoit un outil nom-pareil
Pour razer par le fer la puissance Otthomane,
Las! pourquoy t'a-il pleu retirer cet organe
Si vtil à ta foy, si necessaire à nous
Lors qu'il dardoit pour toy les plus vehemens coups?
Pour contre l'ennemy s'armer d'art, & d'vsage
En Hongrie il auoit d'un guerrier preux, & sage
Faict les premiers essays, & seulement estoit
Sur le bord des desseins, que, braue, il proiettoit,
Hé, pourquoy, ô SEIGNEVR, n'as-tu voulu attendre,
L'inestimable fruict, que ceste plante tendre
Pouuoit produire un iour? failloit-il arracher
Un tige a nous si bon, au Tudesque si cher?

Q 3

O SAVVEVR, ce grand Duc, comme ta Creature
Par naiſſance eſtoit tien , & tien par nourriture,
Tien par Religion, comme zelé Chreſtien,
Et, comme ton guerrier, par profeſſion tien:
Tu as peu donc,ô DIEV, par droit, & ſans iniure
Produire & retirer à toy ta Creature,
Au Monde l'as voulu pour quelque temps preſter
A ton plaiſir auſſi tu peux la repeter
Sans commettre aucun tort,& puis,helas!ce Monde
Pollu en toutes pars de malice profonde
Comme indigne du-tout d'vn ſi grand ornement
N'a peu entretenir long-temps ton inſtrument.

　　　Mais non:ie ne veux-plus conteſter , ie confeſſe
L'abiſme de tes fais,& ma propre foibleſſe,
Ie ne veux, temeraire,au cabinet entrer
De tes conſeilz ſecrets,car voulant penetrer
La raiſon de tes fais par ma debile veüe
Mon diſcours eſt tary,& ma raiſon perduë,
„ Auſſi tes iugemens bien-que pleins d'equité
„ Demeurent incognus à noſtre humanité.

　　　Mais quel barbare bruit,quelle clameur brutale
Eſmeut en tant de pars la Terre Orientale ,
N'entens-ie pas les cris,les vois les hurlemens
Que d'alegreſſe atteins iettent les Muſulmans?

　　　Ha c'eſt l'euenement de ce que ie penſoye,
Le Turc d'ayſe bondit,& ſautelle de ioye
Cognoiſſant le Guerrier,de qui le braue effort
A ſon faſt abbatu, geſir en terre mort.

　　　Non-non,Tigre enragé,non, ô Tyran infame,
De vaine gayeté ne flatte-plus ton ame,

Du Gedeon Chrestien le trespas trop-hasté
Ne t'a si grand subiet d'allegresse appresté.

  Car bien-que, comme amy de verité, ie sçache
Son nom estre l'effroy de ta poitrine lache,
Et que quand deuant toy paroissoit ce Veinqueur,
La peur lioit tes mains, & t'emportoit le cœur,
Tellement que laissant ta guerriere assurance
Tu resoluois desia d'abandonner Byzance,
Faisant secrettement tes Galeres armer,
Pour, repassant les flos de l'Hellesponte mer
Reprendre le chemin de la froide Scythie,
D'ou tu fis, pour voler, ta funeste sortie,
Tu dois neantmoins croire, ô maudit excrement,
Que l'effort de ce Duc n'est pas moins vehement
En la mort contre toy, qu'il estoit en sa vie:
Au contraire il pourra plustost rendre assouuie
La saincte passion, dont son cœur embrazé
Taschoit de rendre en-fin ton Royaume razé,
Car voulant contre toy, pour tes armes destruire,
A-outrance employer les moyens de son ire,
Viuant il ne pouuoit vser que de ses mains,
D'armée, & de Soudars, comme instrumens humains,
Qui sont les plus souuent denués d'efficace,
Mais puis qu'ores il voit, nouuel Ange, la face
Du Monarque Eternel, qu'il tient dedans les Cieux
De l'immortalité le tresor precieux,
Des plaisirs supernelz l'heureuse iouyssance
Ne le rend moins fecond en gloire, qu'en puissance,
Il à pour te darder le dernier coup de mort,
La mesme volonté, mais le bras bien plus-fort.

Q 4

Aduocaßant pour nous d'vne parole aysée
Tost tost il hastera la colere aiguisée
Du SAVVEVR contre toy, faisant que son courroux
Pour te racler du Monde aduancera ses coups:
Par l'attrayant accent de sa voix fauorable
Les Chrestiens eschauffez d'vne ardeur admirable
Heureusement vnis par le neud de la Foy
De toutes pars en bref s'armeront contre toy.

    Si l'exemple & la voix iadis d'vn simple Hermite
A la saincte Croisade esmut un exercite
De trois cens mille humains, hé dy moy quelz effetz
Produiront contre toy l'Oraison, & les fais
De l'Hercule Lorrain puis qu'il te fait la guerre
Par la priere au Ciel, & par exemple en Terre?

    C'est fait, c'est fait de toy, ie voy de toutes pars
L'Europ ean Terroir fourmiller de Soudars,
Ne recongnois-tu pas leur force estre inuincible?
Du moins remarque, ô Chien, que leur cœur inflexible
En ces armes n'a fait autre veu solemnel,
Que d'extirper du tout, aydez de l'Eternel,
Le Tyrannique sang de l'Enfance Otthomane,
Et du faux Mechemet l'imposture profane,
Et que DIEV fauorable à leurs fais-d'armes sains
Enfin couronnera de palme leurs desseins.

    Et vous, sacrez guerriers, qui pour faire la guerre
De tout temps surpassez tous peuples de la Terre,
Quoy? dormez-vous encor? quel engourdy malheur
Prine voz cœurs de sens, & voz mains de valeur?
Souffrez-vous que du Turc l'insolence animée
Reduise helas! si tost vostre gloire en fumée?

Que d'vn glaiue cruel sa loy establissant
Voz plus riches pays il aille saisissant?
Qu'il priue par l'effort de sa rage assouuie
Voz ames de salut, & voz membres de vie?
Et que l'honneur diuin de vostre REDEMPTEVR
Succombe helas! au ioug de l'Arabe Imposteur?
Las! deliez voz sens de paresse endormie,
Cognoissez vostre force, & la force ennemie,
Employans côme il faut, & voz mains, & voz cœurs
Du Camp Mahometan vous serez les veinqueurs.

   Et si le foible ton de ceste remonstrance
N'a, pour vous faire armer, suffisante creance,
Si mon vers enroué ne peut vous esmouuoir,
Pour accomplir vers DIEV, & vous vostre deuoir,
Las! receuez au-moins d'vne oreille attentiue
Les veritables motz, & la clameur plaintiue
Que nostre saincte Foy iette icy deuant vous.

   La voicy, qui fletrie, & couuerte de coups,
En l'armes ruisselante, en membres decharnée,
Chancelante en son geste, en couleur saffranée,
Sa voix entre-couppant de l'armoyans sanglos,
Pour causer vostre bien, recite ces beaus mos.

   Si plus que tout Estat mon estat miserable
D'vn pleur vniuersel est ores deplorable,
Et si pour égaler le dueil à mon tourment,
On ne peut mon mal'heur plaindre suffisamment,
O cher peuple Chrestien, ô guerriers indomtables,
Vous me causez ces maus, & en estes coulpables;
Car tandis qu'aiguisans voz courages mutins
Vous trempez vostre fer dedans voz intestins,

Et que trop acharnez, à voz guerres Ciuiles
Vous empourprez voz chãps, & embrazez voz villes,
Le detestable Turc par son glaiue tranchant
S'aduance peu à peu dans l'Europe, arrachant
Mon culte sacré-sainct, ia la part plus notable
Des plus riches climas de la terre habitable
Lamente soubz son ioug, & mon peuple deuot
Extenué, se cache au pays plus remot:
Estes vous donc issus de l'Illustre semence
De ces preux Champions, dont la valeur immense
A ietté soubs ses pieds, comme esclaue butin,
Le felon Musulman, & le More mutin?
Pour, hommes en figure, & en courage femmes,
Ployer voz laches colz soubs ces Monstres infames!

   Hé ne sçauez-vous-pas que le puissant effort
Des Soudars porte-Croix est suffisamment fort
Pour reduire à neant le Turquesque exercite?
Si mon Heros Lorrain par sa trouppe petite
A tant de fois deffais ces brutaus infinis,
Pourront ils subsister, si vous estes vnis?

   Voulez vous enuers Dieu faire œuure meritoire?
Voulez vous vostre nom eternizer de gloire?
Voulez vous de tresors voz Nauires charger?
Voulez vous iustement voz iniures venger?
Sus armez-vous, enfans, sus courez en Hongrie,
Sus roidissez voz cœurs d'ardeur, & de furie
Contre ces Chiens impurs, car vous ne pouuez-pas
Plus meriter vers DIEV qu'en ces sacrez combas,
Vous ne pouuez chercher plus de gloire en ce Monde,
Qu'en razant par le fer ceste racaille immonde,

Racaille, dont l'horreur des crimes plus peruers
Braue le Tout-puiſſant, & ſoüille l'Vniuers,
Vous ne pouuez trouuer des richeſſes plus rares
Que ſaccageans les murs de leurs villes Barbares,
Et vous ne pouuez-point, pour voz freres venger,
Frapper autre ennemy, que ce monſtre eſtranger.

  Que ſi vous ne ſentez ces pointures extremes,
Prenez, helas! pitié, mes enfans, de vous-meſmes,
Si le point du deuoir ne vous à excité,
Soyez eſmeus du point de la neceſſité,
Car ſi ſans plus tarder voſtre guerriere force
Par vn extreme effort maintenant ne s'efforce,
Las! ie voy ia-deſia mon honneur abbatu,
Mes temples deſolez, & voſtre Camp battu,
Le Turc ſe ſoulera de la chair baptiſée,
Et le nom du SAVVEVR, ſeruira de riſée,
Mais ſi l'honneur de DIEV de voz Soudars eslus
Rend les bras renforcez, & les cœurs reſolus,
Et ſi pour à ce coup mon ennemy deffaire,
Vous faictes les efforts, qu'vnis vous pouuez faire,
Le Catholique Camp du grand Dieu aſſiſté
En brief extirpera l'horrible impieté
Du Mecquean Reſueur, ſi qu'a mes ſaints Organes
Succomberont en fin les loys Mahometanes,
Car en zele imitans le grand DVC DE MERCOEVR
Vous obtiendrez du Ciel ſa fortune, & ſon cœur.

Fin des larmes Publiques.

L'IMPRIMEVR AV LECTEVR.

POVR _suitte des Deuots Elancemens, ie vous presente les Poëmes suiuans, lesquels ie n'ay deu obmettre, tant à raison qu'ils seruent de tesmoignage de quelques choses memorables aduenües en nostre temps, que pour ce que le subiect d'iceux est pieux, & edifiant._

SVITTE DES
DEVOTS ELAN-
CEMENS.
SVR LA CONVALESCENCE
d'Illustrissime, & Renerendissime PRINCE,
CHARLES, Cardinal de Lorraine, Euesque de
Metz, Strasbourg, Langraff, d'Elsace, &c. en
l'Année 1596.

STANCE.

1.

Vand d'vn vĕteus effort l'espouuĕtable orage
Rend l'air tristement noir, & les flots irrités,
Et lors que le vaisseau rompu de tous costés
Hors d'espoir, n'attĕd rien que le prochain naufrage,

2.

Des Pilots estonnés la bande mariniere
Vers le Ciel courroucé lene ses moittes yeux,
D'vn soupir l'armoyant faict mille, & mille vœux,
Et delaissant son art, recourt à la priere:

3.

Ainsi lors que l'assaut de la sieure impiteuse
Assassinoit le corps de ce grand CARDINAL,
Et que l'humain remede effroyé par le mal
Faisoit en-gemissant la retraitte honteuse:

4.

Le peuple Austrasian, pour du peril deffendre
La nef de son salut, espris de saincte ardeur
Prioit le Tout-puissant de bouche, main, & cœur,
Portant la larme à l'œil, & sur son chef la cendre:

5.

Tout ce que les humains peuuent auoir d'extreme
En pieté sincere, & pleurante douleur
Se vit par l'accident de ce fieureux mal-heur
En la morne Lorraine, & en l'Elsace bleme:

6.

Ha quel desastre affreux! quel dangereux orage,
Quel indicible mal nous estoit appresté
Si l'assaut de la fieure eut de nous emporté
Ce CARDINAL *sans-per, l'ornement de nostre âge?*

7.

Mais du iuge tonnant la main espouuentable
N'a pour ce coup encor contre nous eslancé
Le merité supplice, ains doux, & exaucé
Du peuple l'armoyant la clameur lamentable.

8.

Car lors qu'au mal cedoit la vitale puissance,
Que tout estoit troubé de larmes, & de dueil,
Le Prince blemissant ia certain du cercueil
Par miracle euident r'entre en conualescence:

9.

Combien donc que l'effect des huilles, & racines,
Face en noz corps souuent belle operation,
Du peuple neantmoins l'humble deuotion
Plus au Prince à seruy que toutes medecines:

10.

Vous qui courez soudains à l'art hypocratique,
Quand la douleur detient voz membres desolez,
Qui peu discrettement toute drogue aualez,
Rendant vostre estomach d'herbes vne boutique.

11.

Bannissez promptement de vostre conscience
Les peccantes humeurs, & plus deuotieux
Que pre-voyãs humains, cherchez remede aux Cieux,
Auant que d'embrasser la terrestre science :

12.

Heureux sera l'effect de vostre medecine,
Heureusement sera vostre mal surmonté,
„ Car en ce qui depend de nostre humanité,
„ Rien ne peut operer sans la grace diuine.

13.

Mais combien-que ce mal comme de soy extreme
Le Prince languissant ait beaucoup tourmenté,
La fieure toutesfois en fin à rapporté
Tres-grand fruict à autruy, & au malade mesme.

14.

Car au plus fort destroit de la peine fieureuse
On à veu le Prelat sainctement preparé,
Inuincible, resoult, constant, & asseuré
Contre les fiers assauts de la mort douloureuse :

15.

Hé qui n'a entendu les estranges merueilles
Du langage deuot, & des discours sacrez
Des mots edifians, & des propos dorez,
Desquels il rauissoit les plus doctes oreilles ?

16.

Vrayment on eut iugé que sa belle-saincte ame
Goustoit ia le Nectar du plaisir eternel,
Et que libre desia du fardeau corporel
Elle brilloit des rays de la diuine flame:

17.

L'attrait persuasif de sa langue diserte
Contre les vicieux tel effort à porté,
Que charmez par ses mots quelques-vns ont quitté
Les dereglez plaisirs de leur ieunesse verte:

18.

Et mesmes de sa voix les remonstrances sages
Ont refroidy l'ardeur du Cyprien flambeau,
Tellement qu'on à veu le pudique marteau
Faire en pieces sauter les peu-chastes images:

19.

O beau, & sainct effect! qui doit le monde instruire,
De voir ce CARDINAL en son lict estendu,
Combler soy, & les siens d'vn fruict non-attendu,
Et parmy tant de maux faire tant de bien luire!

20.

Prince heureux, & denot, nostre esperance vnique,
Honneur Austrasian pour nostre bon-heur né,
Astre sainctement-beau pour les Cieux destiné
A remettre en splendeur l'Eglise Catholique.

21.

Heureusement te soit la santé renuoyée,
Et pour ton propre bien, & pour le bien des tiens,
Soit à l'vtilité des fidelles Chrestiens
Ta prompte guerison à iamais employée:

Recognoy

22.

Recognoy que ta vie est de mort rachetée
Par la benigne main du Pere tout-puissant,
Afin-qu'en sainctes mœurs tu sois tousiours croissant,
Et que par ta vertu soit sa gloire augmentée:

23.

Et d'autant que sa grace est haute, & liberale,
En ce qu'il a voulu tes douleurs effacer,
D'autant plus te faut-il, ô bon Prince, efforcer,
Afin-que ton merite à sa grace s'esgale.

24.

Ce pendant, ô grand DIEV, domteur de maladie,
D'vn cœur pur nous loüons ta saincte Maiesté,
Graces nous te rendons, pource que ta bonté,
Sans merite à rendu la vie à nostre vie.

25.

Puis-doncques, que rompant ceste fieure hagarde,
Il t'a pleu pour le mieux ce Prince reseruer,
Veuille au moins deformais, ô DIEV, le conseruer,
Sous l'asseuré bouclier de ta diuine garde:

26.

Ainsi mieux que iamais soubs ce Prelat Illustre
Nous porterons le faix de ton ioug gracieux,
Et chantans de ton Nom les Hymnes glorieux,
Bien-loing nous pousserons de Lorraine le lustre.

R

L'EXTAZE.

SVR LE TRESPAS DE FEV PAVL

des Pourcellets, Seigneur de Gusseinuille , &c.
Gentil'homme tres-accomply , & de tres-grande
esperance, fils second de tres-vertueux,tres-docte,
& illustre Seigneur Iean des Pourcellets,Seignr
de Maillanne, Valhey , &c. Bailly , & Sur-
intendant de l'Euesché de Metz,&c.

V lugubre accident l'ennuyeuse nouuelle
Me boureloit desia d'vne peine cruelle,
Et ie n'auois sur l'œil, dãs la bouche,& au cœur
Qu'vn larmoyant ruisseau,que la plainte,& lãgueur,
Ne pouuant rien trouuer pour contenter moy-mesme
Que l'implacable dueil,& la tristesse extreme:
Quand pour dõner relache à mes yeux,bouche,& cœur,
Du sommeil chass'-ennuys ie cherche la douceur,
Ia le somme versant sur ma paupiere lasse
Son sucre charme-soin,tout bellement efface
La rigueur de mon dueil,& mes sens assopis
Peu à peu donnent trefue à mes cuisans soucis:
    Mais du repos tandis que l'Extase profonde
Primant mon corps de sens,me tenoit hors du monde,
D'vn sainct Adolescent l'admirable beauté
Se presente à mes yeux,la generosité
Reluisoit au plus-haut de sa riante face,
Auguste estoit son port,& sa naïue grace
Par euidente preuue attestoit la vertu,
Dont il estoit en l'ame,& au corps reuestu,
Soudain l'ayant cogneu (car c'estoit celuy-mesme
Duquel la mort pressoit mon cœur de dueil extreme

Ma voix entrecoupant de l'armoyans sanglots
Hardy, i'vse enuers luy de ces funebres mots:
   Illustre Iouuenceau, perle de l'Austrasie,
Sang d'antique Heros, duquel la belle vie
Estoit à tes égaus vn miroir de vertu,
PAVL de grace, dy moy, pourquoy m'apparois-tu,
Ayant ia terminé ton bel âge par l'onde
Veus-tu, resuscité, r'entrer encor au monde?
   Il respond, & des trais qui sortent de ses yeux
Il émaille la terre, & serene les Cieux,
Ie ne cognoy si peu du monde la misere,
Que retourner ie vueille en prison tant seuere,
Seulement DIEV permet que ceste vision
Serue à mes bien-vueillans de consolation,
Et que i'enleue, accort, l'opinion mal-seine,
De ceux qui sont pour moy en scrupuleuse peine.
   Ie luy replique alors. O heureux Iuuenceau,
Tout-sage, tout-deuot, tout-sçauant, & tout-beau,
Tu sois le bien venu, car l'humaine foiblesse
Nous faict iuger que DIEV s'arme d'aspre rudesse
En permettant ta mort, & à ce iugement
Quatre diuers motifs seruent de fondement,
Sçauoir tes qualitez, ta mort prompte & amere,
Le dommage public, & le dueil de ton Pere:
Puis donc que de ta mort l'accident auancé
Par scrupules fascheux rend mon cœur offencé,
D'vn fauorable bras eslance sur mon ame
Du Ciel tout-cognoissant la cler-voyante flame,
Afin qu'illuminé des rais de verité
De mes doutes ie puisse oster l'obscurité.

Mais voulant dignement le premier point deduire,
Ie n'ay voix pour chanter, ny dextre pour escrire
Le discours de ton los. qui ne sçait que les Cieux
Ont infus dedans toy les dons plus precieux
Que peut donner nature, ou l'humaine science?
Car si c'est entre nous vn des poins d'excellence
De naistre illustre, & grand, quel lustre reçois-tu
De tes nobles Ayeux, dont l'insigne vertu
A marqué sa memoire en l'Itale fertile,
En Malte, en Arragon, en Prouence, & Sicile?
Tu auois le corps beau, fort, agile, & nerueux,
L'esprit vif, & subtil, le iugement heureux,
Exquise la memoire & la parole aisée,
Ta ieunesse non-ieune estoit tant aduisée,
Qu'elle auoit des plus vieux non-l'âge, mais le sens,
Et tu n'auois encor passé trois fois six ans,
Qu'exprimer tu pouuois d'vne grace diuine,
La langue Grecque, Itale, & Françoise, & Latine,
Et la Tudesque encor. puis, accort, Escuyer,
Tu sçauois dextrement tous Chenaux manier,
Et sçachant escrimer en diuerses manieres,
Tu auois bien au poing toutes armes guerrieres,
Obmettray-ie, oublieux, que ton esprit doré
Se dorant du sçauoir, auoit, desia tiré
Et la moëlle, & le suc de la Mathematique,
Des Romulides loix, & du droict Canonique?
Qu'aualant à longs traits le miel Theologal,
Subtil, tu te rendois aux doctes presque égal?
Diray-ie que garny des sciences humaines
Penetrant les secrets des matieres hautaines,

Tu te guindois au Ciel? mais de ta pieté,
Qui pourroit descourir l'esclatante clarté?
Qui pourroit expliquer les diuins exercices
Dont tu ornois ton ame, & l'exentois des vices?
Vrayment c'est cet esclair, c'est ce brillant flambeau
Qui m'esblouyt les yeux, c'est ce pesant fardeau,
Qui faict ployer mes reins, ô Paul, il me faut taire
Ne pouuant sur ce point vn digne discours faire.
Puis donc qu'en tout, ô Paul, tu estois tout-parfaict
Sur l'Auril de tes ans, n'est-ce pas en effect
Vne rudesse estrange, vn aigreur infinie,
De retrancher si tost la trame de ta vie?
„   Il me respond ainsi. O quels aueuglemens
„ Trauersent des humains les brouillez iugemens:
Ta dispute est sans doubte, & si tu veux entendre
Ton discours par raison, la raison t'en peut rendre
Satisfait, & resout, car si mon DIEV a faict
Que i'aye en quelque chose à quelqu'vn satisfaict,
Tant plus par ce moyen i'estois rendu capable,
D'estre porté vers luy an seiour delectable
„ De son Eternité, DIEV le bon DIEV souuent,
„ Attent que noz vertus soient au cours plus feruent
„ Pour nous tirer à luy, de la vient que maint homme,
„ Qui son âge en peché, miserable, consomme,
„ Passe d'vn iour à l'autre, est tousiours attendu,
„ Et afin qu'il ne soit par le vice perdu,
„ DIEV marche lentement, & plein de patience,
„ Attent par long delais sa vieille penitence,
„ Ce bas monde n'est rien qu'vn piege deceuant
„ Pour peruertir le bon, tromper le bien viuant,

,, *Et le net embourber, &c celuy la emporte*
,, *Le supreme Laurier, qui Innocent en sorte,*
C'est pourquoy on me doit estimer tres-heureux
D'estre à propros rauy du monde mal-heureux,
Auant que la malice ayt corrompu mon âge,
L'Eternel m'arrachant hors du terroir sauuage
De la terre puante, ores ma replanté
Dans le plaisant Iardin de sa felicité,
Ma tiré des brouillars de la terre mortelle,
Pour m'esleuer aux rays de la gloire eternelle.

Ou tout luysant, tout-beau, tout-pur, & tout-parfait
Ie iouys du vray bien, n'est-ce donc en effet
Vne immense faueur, vne grace infinie
De coupper en tel temps la trame de ma vie?
De ces propos dorés le discours rauissant
Rendit mon doute esteint, mais de la m'aduancant
Ie passe-outre a ma plainte, & parle en ceste sorte.,
O Paul, ie recognoy, que la prudence accorte
Du grand DIEV ne fait rien que par iuste compas
Mais s'il falloit alors mourir, n'estoit il pas
Moins peneux, plus seant, vtil, & honorable
De respandre ton sang en guerre memorable,
Ou dedans vn lict mol paisiblement mourir,
Que repentinement au fond de l'eau perir?
,, *A l'homme vitieux d'vne main desastreuse*
,, *La parque rompt le fil, mais la mort genereuse*
,, *Est deüe au genereux, la parfaite au parfait,*
,, *La douce à l'homme doux, n'est-ce donc en effet,*
Vne rudesse estrange, vne aigreur infinie
De coupper par les eaus la trame de ta vie?

Il respond soubzriant: Si l'humide Element
De ma mort à esté le fatal Instrument,
Ma fin ne laisse point pourtant d'estre loüable,
Car le feu, l'eau, le fer ne rend point miserable,
Celuy qui est bruslé, submergé, ou occis,
La cause seulement, & l'estat rend noircis
Les deffunts en leur mort, de moy la penitence
Espurée tenoit alors ma conscience,
Et le quatriesme iour deuançant mon trespas
M'auoit veu assister au celeste Repas,
Mesme la ieune ardeur d'vn folastre exercice
Ne me poussoit en l'eau, le soin de la Milice,
Qui veut que le guerrier soit expert à nager,
M'incitoit à l'essay de ce moitte danger.
Et quoy? t'estonnes-tu, si ceste liqueur mesme
Qui purgeant mon ordure au Sacré-saint Baptesme
Me fit enfant du Ciel, soit ores l'instrument
Pour me rendre Bourgeois du clarteux firmament?
Certes dire ie peux que le bien-fait de l'onde
Ma nettoyé n'aissant, & net tiré du monde,
Et de-vray par effect ie recognois que l'eau
Heureuse à ma naissance, heureuse à mon tombeau,
Ma doublement rendu accomply d'heur extreme,
Vne fois en ma mort, & l'autre en mon baptesme:
Dont par ce doux moyen laissant le monde infect
Ne doit-on pas loüer ma mort, & en effect,
N'est-ce vne faueur grande, vne grace infinie,
De retrancher par l'eau la trame de ma vie.
  L'Aymant de ces beaus motz d'vn art doucemĕt-fort
Tire toute l'aigreur du triste desconfort

Qui trauailloit mon ame, & neantmoins ma langue
Denoüant de rechef, ie poursuy ma harangue:
    Esclarcy maintenant du celeste flambeau
Ie croy que ton decez est opportun, & beau,
Mais qui ne se plaindra de la perte infinie
Qu'en te perdant à fait ta dolente Patrie,
Qu'à fait le peuple sainct du Chrestien Vniuers,
Te perdant decoré d'ornemens tant diuers?
Car soit ou que l'Eglise, ou la guerrierre espée,
Pour estat destiné, eut ton ame occupée,
Illustrant la splendeur de ta profession
Par les rays esclattans de ta perfection,
Tu eusses repurgé de l'abus ordinaire
Et l'estat de l'Eglise, & l'estat militaire,
Faisant à ce moyen sur les peuples Chrestiens
Ruisseler tout à coup mille sources de biens,
N'est-ce donc en effect vne perte infinie,
De retrancher si tost ta profitable vie?
    DIEV pour faire vn grãd bien (respõd-il doucemēt)
Ne se rend point subiect à vn seul instrument,
Ains, benin, pour tirer son peuple de misere
Par organes diuers sagement il opere,
C'est pourquoy DIEV m'ayant de-ça bas retiré,
N'a par ma propre mort à son peuple inferé
Aucun dommage grand, ny perte memorable,
Car s'il veut secourir son peuple miserable,
D'autres il choisira entre les siens parfaits
Pour de ses beaux desseins en tirer les effets,
Quant à moy du grand DIEV la prouidence belle
Ne m'auoit destiné au but de chose telle,

Ie ne me sens que trop comblé de sa faueur,
Puis qu'heureux i'ay receu de sa main ce bon-heur,
De n'aistre pour bien viure, & bien finir ma vie,
Pour gouster dans les Cieux sa diuine Ambrosie,
Ma vie estant donc belle, & heureux mon trespas
Qui peut estre en scrupule? & ainsi n'est-ce pas
Vne faueur immense, vne grace infinie
De coupper à-propos la trame de ma vie?

De ces mots attrayans le discours assuré,
Auoit mon cœur rendu de douleur espuré,
Quant pour ne plus tenir mon ame suspendüe,
Mes propos commencés ainsi ie continüe.

Oedipe tout diuin, qui resous sagement
Tout scrupuleux enigme, & doubteux argument,
De grace, esclaire encor par ta brillante flame,
Ce scrupule vmbrageux, qui reste dans mon ame,
Tu sçais ô Paul, tu sçais, que d'vn attrait vainqueur
Ta vertu desroboit à ton pere le cœur,
Que tu estois l'obiect de son amour plus tendre,
Tout estant à loüer en toy, rien à reprendre,
Si qu'il à, esperdu, par ta mort enduré
Les effroyables coups d'vn regret deploré,
Failloit-il donc helas! qu'vn si grand personnage
Fut ainsi poignardé sur le plus beau de l'âge
Par vn desastre tel? auroit-il merité
Par quelque sien mesfait d'estre ainsi visité?
Non, las! non, sa vertu est à nous trop notoire,
Son renom est trop clair, trop celebre est sa gloire,
Car c'est ce bon Seigneur, duquel la pieté
Le solide sçauoir, la pure integrité,

La feruante Iustice, & la prudence sage
Dissipe peu à peu les brouillars de nostre âge,
C'est ce vaillant esprit, qui en guerre, en & paix,
Soulage le public de notables bien-faictz :
N'est-ce donc par ta mort vne aigreur infinie
D'oster l'ame à son ame, & la vie à sa vie.

Il leue doucement sa belle face aux Cieux,
Puis il me satisfait par ces mots gratieux.

Le vulgaire ignorant conduit de l'auanture,
Qui voit le Medecin trauaillant à la cure
D'vn Soldat fort blessé faire l'incision
Sur la naureure estroicte, & sans emotion
En essuyer le sang, qui regarde sa sonde
Penetrer dans le creux de la playe profonde,
Qui escoute, pleureux les longs gemissemens
Que iette le nauré au fort de ses tourmens,
Sot, estime en son cœur que le Medecin sage
Le patient bourelle, & n'aure d'auantage
Y applicquant ses fers, n'entendant, hebeté,
Que ce moyen luy donne & la vie , & santé,
Ainsi lors que de Dieu la sage preuoyance
Par quelque aspre accident espreuue la constance
De ces mignons esleus, d'vn sens precipité
L'homme croit, sans propos, que par l'aduersité
Dieu tourmente le siens, les accable, & flagelle,
,, Mais il iuge sans sens, car ce que l'on appelle
,, Mal, ou peine, n'est point peine, ou mal proprement,
,, Ains le moyen sacré, le doux medicament,
,, Le Baume salutaire, & le vray Cataplasme
Que Dieu benin fournit pour fomenter nostre Ame,

Si Dieu donc à voulu mon cher pere toucher
Par ma soudaine mort, ce n'est pour attacher
La peine à ses delictz le comblant de malaise,
Ains pour alembiquer son ame en la fournaise
De la perfection, & de la l'attirer
Au bien-heureux seiour, qu'on doit tant desirer,
,, Car l'aduersité rude est aux esleus l'eschelle
,, Pour monter au plus haut de la gloire eternelle:
Pere cher, ô cher pere, appaise ta douleur
Doux Seigneur, ne prēd point ma mort pour tõ mal-
Pren-là bien-aduisé, pour infaillible marque   (heur,
Que Dieu t'a mis au clos de son heureuse barque,
Pren-la pour le Calice, ou gist la potion
Qui doit t'euacuer de toute affection
Qu'encor tu tiens de terre: hé ! dy moy ton pleur blesme,
Est-il par toy iecté pour moy, ou pour toy-mesme?
Car si par-trop-douillet tu l'amentes ma mort
Soit pour raison de toy, ou de moy, tu as tort,
Ma mort m'est belle, douce, & flambante de gloire,
Et fructueuse à toy, vtile, & meritoire,
Si tu es en sçauoir, valeur, & pieté
Vn Varron, vn Cesar, vn Ephren reputé,
Pour en toy des vertus tirer la quint' essence
Sois encor me perdant vn Iob en patience,
    Ce discours acheué, le sainct Adolescent
S'esuanouyt de moy dans le Ciel s'eslançant,
Et soudain, ie m'esueille, ayant en l'ame empreinte
D'vn oracle si beau la remonstrance saincte,
En-sorte que de l'œil, de la bouche, & du cœur
Ie chasse, consolé, larmes, pleinte, & langueur.

L'ADIEV,

Aux genereux Seigneurs, Gentil-hommes, & Soldats allans en Hongrie contre le Turc, en l'année. 1597.

I.

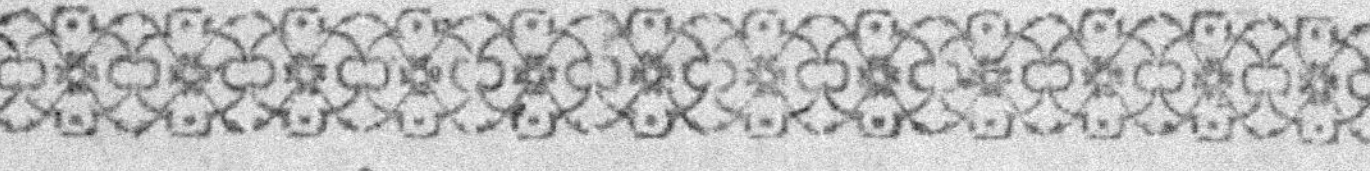

Eroïque Noblesse, heureux sejour de gloire,
Vrais Cheualiers d'hōneur, voués à la victoire,
Champions de la Foy, qui en ce temps fatal
D'vn zele tout-Chrestien armez voz ames belles,
De salades voz chefs, & voz mains d'allumelles
Pour battre vn ennemy infidele, & brutal:

2.

Ca ça, braues guerriers, ça, permettez, de grace,
Que ie vous die A-Dieu, & que ie vous embrace,
Permettez que ma voix de vostre rare honneur
Soit sur vostre depart, l'éclatante trompette,
Permettez que ie soye vn vray-disant Prophete,
Pour de voz grands desseins predire le grand-heur.

3.

Si iamais, ô Seigneurs, sur le rond de la terre
Par hommes genereux fut entreprinse guerre,
Qu'on puisse iuste, saincte, & louable venter,
Si iamais dessein fut digne de cent trophées,
Certes on recognoist voz armes redoutées,
Tout renom, & tout los dignement meriter.

4.

Car vous n'employez-point voz mains victorieuses,
A seruir aux desseins des humeurs vicieuses
Des mal-conseillez Roys, ains le non-feint honneur
Du Monarque des cieux, dont vostre ame est esprise,
La cause du SAVVEVR, & de sa saincte Eglise,
A ce dessein si saint embarque vostre cœur.

5.

Le zele de la foy, qui d'vne viue flamme
Embraze sainctement le plus pur de vostre ame,
Vous porte au beau chemin de si braues exploits,
Vous fait renouueller par voz heureuses armes,   (mes,
Les plus fameus Lauriers, & les plus hauts-faits d'ar-
Qu'ayent onc entrepris les Catholiques Roys.

6.

Mais afin que frayans le chemin de la gloire
Atteindre vous puissiez au vray but de victoire,
Il vous faut, Cheualiers, en prendre instruction:
Escoutés donc la voix de celuy qui desire
Par ces vers doux-coulans les moyens vous prescrire,
Pour vous conduire au port de la perfection.

7.

Et puis que pour l'honneur du grãd DIEV ineffable,
Vous auez entrepris ceste guerre louable,
Contre le Turc felon, il faut en premier lieu
Ouurans les Cabinetz de vostre conscience,
Voz penitens esprits purger de toute offence,
Et pour combattre autruy faire paix auec DIEV.

8.

Il vous faut estre saincts en ceste guerre saincte,
Il faut que desormais vostre ame soit emprainte
Du seau de l'Eternel, pour qui vous combatez,
Il faut que transpercez de pieté profonde
Vous receuiez le Corps du REDEMPTEVR du Mōde,
Pour vous rendre de corps, & d'ame redoutez.

9.

Ce gage sacre-sainct, ceste diuine Essence
De courage est la source, & l'appuy d'asseurance,
En l'infaillible port de la prosperité,
,, Car des foibles humains le courage fragile
,, Se trouue au grands effects le plus souuent debile,
,, S'il n'est par la faueur du grand DIEV supporté:

10.

Puis par le iuste frain d'vne ferme constance
Il vous conuient dompter la rebelle insolence
De tous mondains desirs, & plaisirs vicieux,
,, Car maistrizer ses sens, & se vaincre soy-mesme
,, C'est le premier triomphe, & la victoire extreme,
,, Et de tous faits humains le fait plus glorieux.

11.

Bannissez donc de vous l'infame paillardise,
L'auarice insensée, & l'odre gourmandise,
Les blasphemantes voix, qui font pallir les Cieux,
La vaine ambition, les querelles barbares,
Les Ieux trop-affectez, les rapines auares,
Et la foule sur tout du peuple disetteux.

12.

„ *Car celuy qui se rend esclaue miserable*
„ *De ces pestes d'esprit, ne peut estre capable,*
„ *En ses sacrez combats de faire auancement:*
„ *Ains tant plus que l'homme est deschargé de malice,*
„ *Tant plus au Tout-puissant peut-il faire seruice,*
„ *Comme de son vouloir estant propre instrument.*

13.

„ *Et d'autant que la guerre auec soy tousiours treine*
„ *Pour compagnes la faim, & la soif, & la peine,*
„ *Il vous faut endurcir voz corps à tous trauaux,*
„ *Il vous faut genereux, retrancher de toute aise,*
„ *Car au parfaict guerrier le trop d'aise est mal-aise,*
„ *Et luy doit estre ieu toute sorte de maux.*

14.

„ *Ha, qu'il est bien-seant de voir l'homme de guerre*
„ *Manger sans appareil, reposer sur la terre,*
„ *Et d'estre parfumé de poudre, & de sueur,*
„ *La vertu ne se plaist qu'en chose deplaisante,*
„ *La gloire ne va point que par vne aspre sente,*
„ *Et plain de durs rochers est le chemin d'honneur.*

15.

Vous magnanimes chefs, fils de Mars, prenez garde
Qu'vn mouuement soudain voz desseins ne hazarde
Mais trois, & quatre fois voz conseils digerez,
Departez sagement aux dignes les offices,
Payez bien voz soldats, & par iustes supplices,
Reprimez les mauuais, & les bons honorez.

16.

Et vous, vaillans soldats, contentez vous de prendre
La solde, & le butin, sans, ô douleur, vous rendre
Par voz exactions tant & tant odieux:
Patisses d'vn cœur gay de la guerre l'iniure,
Et prompts obeissez à voz chefs sans murmure,
Paisibles dans le camp, au combat furieux.

17.

Mais sur tout il vous faut, ô trouppe Heroïque,
D'vn accord general prendre pour butte vnique,
Le sacré-saint honneur du Trin'-vn Createur,
Sans decliner au trac des passions humaines:
,, Car ce seul point fera que voz œuures hautaines,
,, Toucheront à la fin au souhaitté bon-heur.

18.

Vous donc ainsi armés de la grace diuine,
Et droictement reglez par ceste discipline,
Chocquerés vous le Turc sans du tout le matter?
Non certes, car le bras du Monarque impassible,
A tout coup vous rendra l'impossible possible,
Pouuans non le Turc seul, mais l'Vniuers dompter.

19.

Exalte qui voudra l'estroite obeissance
Des infidelles Turcs, leur escharse despence,
Leur police reiglée, & leur nombre infiny,
De moy ie tiens, conduit, par raison infaillible,
Qu'il est aux Roys Chrestiens facilement possible
De ruiner du tout ce barbare Ennemy.

Car

20.

Car pour religion il n'a que resuerie,
Pour estat il n'a rien que pure barbarie,
Et pour mœurs il ne tient que la brutalité,
C'est vn monstre, sans foy, sans honte, sans iustice,
De sang insatiable, & bouffy d'auarice,
Et qui est par son vice a demy surmonté.

21.

Il n'est point comme nous couuert de forte armure,
Il ne sçait comme nous bien dresser sa monture,
Il n'est pas tant que nous à la guerre aduisé,
En ses desseins il n'est preuoyant, n'y bien sage,
A la charge il n'a pas tant que nous de courage,
Et à l'harquebusade il n'est pas tant rusé.

22.

Et quoy? ne sçait-on pas qu'vn căp en nõbre extreme
Se rompt par le desordre, & se deffaict soy-mesme,
Comme il nous en appert par effect maintesfois,
,, Car tant plus qu'vne armée est en nombre effroyable
,, Tant plustost elle tend à sa fin miserable,
,, Comme vn enorme corps qui tombe par son poix.

23.

Aussi, chien ayme sang, ta grandeur trop cognüe
N'est en si peu de iours à nostre dam accrüe,
Que par le fol discord de noz Roys coniurés,
Tes brigans escadrons n'eussent fait leur sortie
Des cauerneux rochers de la froide Scythie,
Si DIEV pour nostre fleau ne les en eut tirés.

S

24.

Du fameus Scanderberg le courage admirable
Qui cent fois à deffait ton Camp innumerable
Par l'escadron petit des Albanois eslus,
Nous donne par effect manifeste asseurance,
Qu'en ta force il n'y a qu'vne vaine apparence,
Et que, foible, elle cede aux hommes resolus.

25.

Mesme en ces mois passez, quãd l'Aigle Germanique
Si viuement choqua ton fanon Lunatique,
Tu fus loing de ton Camp par la fuitte emporté,
Et à ce coup estoit certaine ta ruine,
Si de quelques soldats l'indiscrette rapine
De la victoire helas! n'eut le cours arresté.

26.

Mais pour ce court delay ta fiere tyrannie
Contre nous ne demeure en rien plus affermie,
Car le bon DIEV voulant ton regne reietter,
Et ne pouuant souffrir tes horribles blasphemes,
Tes detestables mœurs, & tes crimes extremes,
Veut rompre nostre fleau pour au feu le ietter.

27.

,, Toute herbe qui paroist soudainement fleurie
,, Soudainement aussi tombe en terre fanie,
Et ce qui n'aist à coup, tout à coup doit mourir,
Ainsi il faut en fin, il faut que ta puissance
Au cours de peu de temps ayant prins accroissance,
En peu de temps aussi s'encline pour perir.

28.

Or' en voicy le iour, ô Tyran, voicy l'heure
Ou il faut que ton faste infalliblement meure,
Le Ciel sans renoquer la ainsi arresté,
Car on void maintenant les forces d'Allemagne
Se ioindre au Camp d'Itale, & d'Högrie, & d'Espagne,
Pour rendre tout d'vn coup ton sceptre supplanté.

29.

Mais pourquoy pallis tu? pourquoy voy-ie saisie
Ton ame de frayeur? en voyant d'Austrasie
S'esleuer centre toy tant de soldatz eslus,
Est-ce point que tu sçais que tes forces d'effaire
Aux valeureux Gaulois est chose hereditaire,
Estans de Godefroy, ton domteur, descendus?

30.

Vrayment de la prouient le sinistre presage
Qui te blanchit de crainte, & t'oste le courage,
De la vient qu'on te voit par songes estonné,
Mesme ton Alcoran en paroles ouuertes
Menace ton orgueil d'ineuitables pertes,
Et qu'il faut que tu sois en ce temps ruiné.

31.

Sus donc, ô Cheualiers, sus-sus qu'on s'esuertüe,
Qu'on coure à chef baissé, qu'on fracasse, qu'on tüe,
Qu'on fende sans pitié, qu'on despece en morceaus
Ces ennemis de DIEV, ces ordures du monde,
Ces fleaus les plus cruels de la Machine ronde,
Et de ton l'Vniuers les infames bourreaus:

32.

Mais pour bien guerroyer il vous faut ce veu faire
De mourir sur la place, ou bien de les deffaire,
Sans mettre espoir aucun en la captiuité,
„ *Car il faut que celuy qui prisonnier demeure*
„ *En viuant sous le ioug mille fois le iour meure,*
„ *Tant & tant il se sent par ces chiens tourmenté.*

33.

Ha, ie le voy trembler, ie les voy sans conduite,
Ie les voy preparez à là honteuse fuyte,
Et ie voy sur leur front empreinte la terreur,
D'autre costé ie voy l'Ange du ciel descendre
Tenant la palme en main, qui, ioyeux, promet rendre
Vostre camp encerné de l'assuré bon-heur.

34.

Mes freres, versez donc, versez la quint'essence
En ce voyage Saint, & de vostre asseurance,
Et de vostre courage, & de vostre valeur,
Il ne faut qu'vne fois en bataille les battre,
Pour le superbe orgueil de leur empire abbatre,
Et combler pour iamais leur Estat de mal'heur.

35.

Car au creux des pays ils n'ont pour leur deffence
Ny Chasteaux remparez, ny place d'asseurance,
Qui puisse detenir vostre camp arresté,
En sorte que pourrez, braues, tout d'vne tire
Conquester le plus beau de leur iniuste empire,
Et passant par la Thrace occuper leur cité.

36.

Et de la retour nans enrichis de la proye
Du precieux Leuant, vous causerez la ioye,
La grandeur, & l'Empire a nostre Chrestienté',
Et en fin, Cheualiers, ceste œuure meritoire
En terre honorera vostre renom de gloire,
Et voz ames au ciel de l'immortalité'.

37.

O Roy de l'Vniuers, ô DIEV, des exercites,
Regarde à ton honneur, non à noz demerites,
Et pour ta propre cause arme toy de couroux,
Puis que ces Cheualiers sont saisis de ton zele,
Vueille les receuoir sous l'ombre de ton aile,
Aux Turc monstre toy inge, & aux tiens pere doux.

STANCES FVNEBRES.

Sur le Trespas de feu Magnanime Seigneur, Mes-
sire George, Baron de Boppart, Seigneur d'Albe,
Teintru, &c. Colonnel du Regiment des soldats Lorrains en la guerre d'Hongrie
contre le Turc, occis au siege de
Bude en l'an 1598.

I.

SI lors qu'en ce pays ta vertu Heroique
Leua de tes soldars le Regiment guerrier
Faisant verdir vn peu mon effueillé Laurier,
Ie salüe ton Camp d'vn A-DIEV poëtique:

2.

Helas! pourray-ie bien, ô belle ame, me taire,
Las! ne pourray-ie pas au moins te dire A-DIEV,
Quand touché de la mort tu t'enuoles A-DIEV,
Mort dommageable à nous, mais à toy salutaire.

3.

Non, valeureux Baron, non, ie sens que ma langue
S'efforce à te payer vn funebre deuoir,
Mais ie plains que ie n'ay ny loisir, ny pouuoir
De tracer à ta gloire vne digne Harangue.

4.

Tu sçais qu'il m'est du tout, ô belle ame, impossible
D'escrire vn vers sortable à ton los merité,
Mais au lieu de l'effeſt reçoy ma volonté,
Prenant non ce qu'est deu, ains ce qui m'est possible.

5.

A-DIEV donc ame pure, innocente, & fidele,
Qui dans le cœur n'auois pour ton feu autre ardeur,
Que du DIEV Eternel le non-mourant honneur,
Et de sa saincte foy l'inextinguible zele.

6.

A-DIEV tout vif-esprit, dont le courage rare
Bandoit tous ses effors pour la gloire exalter
De la Chrestienne Europe, & par armes domter
Du brutal Musulman la puissance barbare.

7.

A-DIEV illustre sang, duquel la race antique
Trauaillant en l'Eglise, en Guerre, & en l'Estat,
De ses vertueux fais à faict luyre l'esclat
En Allemaigne, en France, & au Terroir Belgicque.

8.

A-DIEV doux entre-gent, dont le geste accostable
Deroboit à chacun le seruice, & le cœur,
A-DIEV propos faconds, desquels l'accent veinqueur
Tiroit le monde à soy d'un ret ineuitable.

9.

A-DIEV Soleil des preux, dont la lueur brillante
Alloit à noz soldas la force renforçant,
Et qui d'un coup fatal ores las s'eclipsant,
Rĕd leur effort moins-fort, & l'ardeur moins-vaillãte.

10.

A-DEIV braue guerrier, sous qui l'heur admirable
De ses gens à conquis de Iauarin le fort,
Car la pointe prenans en ce nocturne effort,
Ils ont faict le plus beau de l'exploit memorable.

11.

A-DIEV chef blondelet, A-DIEV teste indomptée,
Qui valeureusement venant Bude assiger,
Au point de son debuoir, sans crainte du danger,
Par le Canon Turquesque as esté emportée.

12.

Mais apres tãt d'A-DIEVS, ne me faut il pas taire?
Me faut-il tant de fois te dire A-DIEV, A-DIEV,
Non: mon A-DIEV est vain, puis-que tu es à DIEV,
A cil qui est à DIEV, l'A-DIEV n'est necessaire.

13.

Tous ces A-DIEVS plaintifs ne touchent que ta vie,
Pour te bien celebrer il faut toucher la mort,
Si on veut s'arrester à ta vie, on fait tort,
Au bon-heur qui t'aduient quand ta vie est rauie.

14.

Ton vif esprit, ton sang, ta grace, & ta vaillance,
Estoient les qualitez qui honoroient viuant,
Et te seruoient d'outil pour te pousser auant,
Et entre les Mondains t'acquerir la creance.

15.

Mais la sanglante mort, qui ton âge termine,
Te donne beaucoup plus de los, & d'ornement,
Car, mort, tu prens en Terre & sur le firmament
Et la Terrestre gloire, & la gloire diuine.

16.

Tu tires de ta mort la pleniere indulgence
Des vices contractez par ta fragilité,
Car ton sang espandu pour ton DIEV, à esté
Le dangereux leuain de toute ton offense.

17.

Tu tires de ta mort vne gloire admirable,
Qui ez siecles futurs celebre te rendra,
Car la fame au-grand-cor, trompettant, espandra,
Par-tout & pour-iamais ton trespas honorable.

18.

De plus, ta belle mort l'honneur du Ciel te donne,
Car ayant le trespas pour la Foy supporté,
Tu es comme Martyr dans le Ciel reputé,
Et la palme pourpree entre tes dois rayonne.

19.

Hé! que feray-ie donc? car le dueil me tourmente,
Quand nostre Camp ie voy priué de ta valeur,
D'autre-part ie me sens exempt de la douleur,
Quand ta felicité à mes yeux se presente.

20.

En fin ie me resous de ma face ternie
Derider les replis, & mon dueil consoler,
Veu qu'à bon droict ie peux maintenant t'appeller
Plus-heureux en ta mort que celebre en ta vie:

21.

Car ton esprit, ton sang, ta grace, & ta vaillance,
Te seruoient d'ornemens en ce val mal-heureux,
Mais la mort t'a rendu mille fois plus heureuz,
Par le seiour du Ciel, par gloire, & indulgence.

LES PLAINTES.

De la Lorraine, sur le trespas de feu haut & puissant
Seigneur, IEAN Comte de Salm, Cheualier de
l'Ordre S. Iacques, Commandeur d'Estriane, Baron de Viuier, Mareschal de Lorraine, gouuer-
neur de Nancy, &c. decedé le 14. Ianuier 1600.

1.

AS! quel funebre bruit entens-ie par les rües?
Quelles torches de dueil voy-ie en-haut flãboyer?
Quel peuple oy-ie gemir, quels Princes larmoyer,
Quels pauures fendre l'air de complaintes aigües?

2.

Ce grand COMTE est donc mort, & de ceste patrie
Le plus rare ornement trop-tost est escarté,
Le flambeau est esteint, le lustre est emporté
Et la plus belle fleur de ma Terre est fletrie.

3.

Hà! ce n'est sans raison qu'vne douleur ouuerte
Fait au cœur d'vn chacun vn grand dueil conceuoir,
Ce dueil vers le deffunct tesmoigne le debuoir,
,, Car extreme il se voit comme extreme est la perte.

4.

Pour monstrer que ma perte en sa mort est extreme,
On ne doit ensiler vn long denombrement
De ses perfections, mais dire seulement
Que nul à luy n'estoit semblable que luy-mesme.

5.

Aussi, Comte sans per, mon esprit, & ma langue
Pour toucher à ton los ne s'aduanceront pas,
On ne te peut hausser par instrument si bas,
Pour haranger pour toy il faudroit ta harangue.

6.

Si faut-il toutes-fois à ton Funebre office
Le seruice adiouter de mes funebres vers,
Non-pas pour dilater ta gloire en l'Vniuers,
Mais pour t'accompagner de mon dernier seruice.

7.

C'est belle Ame, beaucoup d'estre issu de la race
Des Comtes SALMEANS, qui sur leurs chefs guerriers
Ont porté, triumphans, cent glorieux Lauriers,
Ayans battu le Turc en Hongrie, & en Thrace.

8.

C'est beaucoup d'estre encor en ta ieunesse tendre
Au soin de la vertu noblement allaité
Soubs ce grand Charles-quint, & d'auoir emprunté
De luy l'esprit d'Vlysse, & la main d'Alexandre.

9.

C'est beaucoup en suyuant vne iuste malice,
D'auoir aux grands combatz de ton siecle assisté,
Et rendre de-la soubs la paix vsité,
Aux affaires d'Estat, des mœurs, & de Police.

10.

Et c'est aussi beaucoup que le ciel fauorable
Ta sainctement orné d'vn iugement exquis,
Iugemens, qui aydé de ton sçauoir acquis,
En tout, vers tous, tousiours te rendoit admirable.

11.

Mais, grãd Comte, c'eſt plus dans ton ame innocẽte
D'auoir empreins les trais de la diuine Loy,
Et ſans prendre autre trac que le trac de la Foy,
Suiure d'vn ferme pas la Catholique ſente:

12.

C'eſt plus, braue SEIGNEVR *, ia tenant occupée,*
Ton ame vers ton DIEV *le ſainct ordre accepter*
De l'Apoſtre Eſpagnol, pour DIEV *au cœur porter,*
La vertu en tes mœurs, & ſur ton drap l'Eſpée.

13.

C'eſt-plus ouurant ta main deuote, & liberale,
D'auoir par tes bien-faits les pauures ſuſtenté
Si bien que ſubuenant à leur neceſſite,
Tu rendois ton aumoſne à ton pouuoir eſgale.

14.

Et c'eſt plus te rendant, vtilement ſeuere,
Au cœur des mal-viuans d'auoir l'effroy planté,
Car ta Juſtice en fin m'a tel fruict apporté,
Qu'eſtant craint des meſchãs des bons tu tes fait Pere.

15.

C'eſt plus encor d'auoir de la veſue oppreßée
Prinſe la cauſe en main, & du foible mineur,
Car tu faiſois qu'en Court, ſans frais, & ſans longueur,
Leur droict eſtoit ouy, & leur cauſe aduancée.

16.

C'eſt, belle ame, auſſi plus d'vn ordre eſmerueillable
D'auoir reglé l'Eſtat de ta riche maiſon,
Qui reduite touſiours au point de la raiſon,
Se rendoit admirée, & non pas imitable.

17.

C'est plus par ta prudēce accorte, & plus-qu'humaine
D'estre sur ta viellesse à ce bon-heur porté,
Que de voir le rameau de ta Famille enté
Dans le tige Royal du clair sang de LORRAINE.

18.

Mais c'est encor bien plus par maints actes loüables,
De t'auoir à la mort preparé doucement,
Et par le sage escrit d'vn pieux Testament,
Faire à cent lieux deuotz cent Legats charitables.

19.

C'est bien plus approchant à la fin de la vie,
De t'armer du secours des diuins Sacremens,
Et sans conuulsions, sans peine, sans tourmens,
Franchir en peu de temps le pas de l'Agonie.

20.

C'est bien plus dans le sein de ton SAVVEVR de rendre
Ton deuot-net esprit par les Anges porté,
Et faire pour monstrer l'humaine vilité:
Qu'en terre ton corps-nu soit posé sur la cendre.

21.

C'est bien plus embraßāt les saincts vœus de l'Eglise,
D'auoir de ton connoy tout fast humain banny,
Si bien que te monstront de la pompe ennemy,
Par mespris de la gloire as la gloire conquise.

22.

Ainsi SEIGNEVR, tu és heureux en nourriture,
Heureux en naturel, heureux en tes desseins,
Heureux en alliance, heureux en actes sains,
Heureux en ton trespas, heureux en sepulture.

23.

Et moy qui ay senty de ta main genereuse   (nemēt,
Soubz mon CHARLES tout-grand, l'heureux gouuer-
Couuerte du Bouclier de ton grand iugement,
Ayant part à ton heur i'ay vescu bien-heureuse.

24.

Aussi sentant l'effet de ta vertu parfaicte,
Ie veux de mon debuoir enuers toy m'acquiter,
Mais mon debuoir consiste à plaindre, à l'amenter,
A publier par cris la perte que i'ay faicte.

25.

Reçoy doncques en gré, ame sainctement belle,
Ces regrets de mon cœur, ces larmes de mes yeux:
Et croy que si i'auois vn don plus precieux,
Pour faire mon deuoir, ie t'en feroys offrande.

26.

Croy que si mon effort peut augmenter ta gloire,
Iamais à mon deuoir ma voix ne manquera
Car tandis que Lorraine en estre durera,
DE IEAN COMTE DE SALM. durera la memoire.

27.

Au-moins ie ne serois de dueil tant tourmentée,
Comme estant mon regret quelque peu rabattu,
Si au temps à-venir ton insigne vertu
Par quelque autre Seigneur m'estoit representée.

28.

Mais toy & moy auons vn sort bien-dissemblable,
Car tout ce que tu perds en la mort t'est rendu
Par la gloire du Ciel, mais moy, t'ayant perdu,
Ie perds helas! ie perds chose irrecuperable.

FIN.

APPROBATION.

NO v s ſoubſigné Docteur en
ſaincte Theologie Princier en
l'Egliſe de Metz, & Vicelegat en Lorraine, certifions auoir veu le preſent liure, intitulé les *Deuots Elancemens du
Poëte Chreſtien*, dans lequel n'auõs rien
trouué qui ne ſoit conforme à la reſolution de l'Egliſe Catholique, Apoſto-
lique & Romaine, & pàrtãt le iugeons
digne d'eſtre imprimé comme vn liure
qui pourra ſeruir a l'eruditiõ & vtilité
du peuple Chreſtien, en foy dequoy
auons ſigné la preſente de noſtre propre main, à Vic le 17. de Mars. L'an mil
ſix cens.

Signé   FOVRNIER.

APPROBATION.

IE Didier Priquey, Docteur en saincte Theologie, & Doyen en l'Eglise Collegiatte de Vic, certifie & atteste
auoir leu, & diligemment examiné les
trois parties, & le commancement de
la quatriesme des *Deuots Elancemens
du Poëte Chrestien*, escritte en ce present
volume, & n'y auoir rien trouué qui
ne soit conforme à la doctrine de l'E-
glise Catholique, Apostolique, & Romaine, parquoy ie iuge l'œuure digne
d'estre mis en lumiere, comme vtil, &
profitable au salut des ames. En tesmoignage dequoy i'ay signé la presente de
ma propre main, à Vic, le 22. Decem-
1600.

D. PRIQVEY.

Approbation.

IE soubscrit, humble Gardien des Cordeliers de Toul, Professeur en saincte Theologie, certifie auoir leu les trois parties des *Deuots Elancemens du Poëte Chrestien*, côposés par le Sieur Alphonse de Ramberuiller Docteur és Droits, Lieutenāt general au Bailliage de l'Euesché de Metz, ou n'ay rien trouué repugnant a la foy Catholique & Romaine, ains au contraire le tout remply de belles meditations & enseignemens, pour esleuer l'Ame Chrestienne à la cognoissance de son salut, dont ie iuge l'œuure digne d'estre mis en lumiere, En tesmoignage dequoy ï'ay escrit & signé ces presentes le seiziesme de Mars, Mil six cens.

F. Claude Ienin.

T

APPROBATION.

IE frere Florentin Iacob Religieux de l'Ordre S. Augustin, Docteur en Theologie de la faculté de Paris, certifie auoir leu & bien examiné les trois parties du present liure intitulé, les *Deuots Elancemens du Poëte Chrestien*, que l'Autheur m'a communiqué, & n'y auoir rien trouué contrariant à la doctrine de l'Eglise, au contraire i'estime l'œuure, tres-digne d'estre mis en lumiere, cõme plein de doctes & belles inuentions, qui peuuent attirer tout Chrestien à la cõponction de ses fautes, & à l'amour de Dieu, & qui pourra consequemment apporter grand fruit pour le salut des ames. En tesmoignage dequoy i'ay signé la presente attestatiõ de ma propre main, le 8. Ianuier. 1601.

Florentin Iacob. Augustin.

APPROBATION DE LA FA-
culté de Sorbone.

NOus sous-signés Docteurs de la tres-sacrée faculté de Theologie à Paris, certifions a tous
ceux à qui il appartiendra, que nous auons leu &
examiné diligemment les *Deuots Elencemens* du
Sieur de Ramberuiller addressés au Roy tres-chrestien nostre Sire, & autres Poësies dudict Sieur de
Ramberuiller, auquel nous auons trouué des discours plains de pieté & tendans a edification &
pour ce fait auons iugé le liure digne d'estre mis en
lumiere pour retirer beaucoup d'esprits des vani-
tés mondaines, selon la grace de Dieu, en tesmoin,
dequoy auons signé la presente fait à Paris le 12.
Mars. 1601.

A. Nozieres Carme d'Alby, & Prouincial
du dit Ordre en Acquitaine, Docteur
en la sacrée faculté à Paris.

P. V. Cayet Docteur en la sacrée
faculté de Paris.

PRIVILEGE DV ROY.

HENRY par la grace de Dieu, Roy de France, & de Nauarre, au Preuoſt de Paris, ou ſon Lieutenãt, Seneſchal de Lyon, Bailly d'Orleans, & à tous noz autres Iuſticiers, Officiers, & ſubiets, & à chacun deux en droiɛt ainſi qu'il appartiendra, Salut. Noſtre cher, & bien-aimé Alphonſe de Ramberuiller Lieutenant general au Bailliage de l'Eueſché de Metz, no⁹ a preſenté le trentieſme Mars. Mil ſix cens, vn liure par luy compoſé, intitulé les *Deuots Elancemens du Poëte Chreſtien*, en la lecture duquel ayant trouué que l'œuure eſt de ſoy pieux, profitable à noz ſubiets, & ſingulieremét rare en ce qu'outre la neteté des vers, dont il eſt compoſé, lediɛt Alphonſe de Ramberuiller à eſcrit de ſa main lediɛt liure, inuété, peint, & enluminé ſeul, les figures qui y ſont. C'eſt pourquoy deſirant le gratifier, & recognoiſtre des trauaux qu'il a eu, lors que l'occaſion s'en preſentera. Nous en attendant, luy auons permis, & permettons par ces preſentes, qu'il puiſſe ſeul Imprimer, ou faire Imprimer lediɛt liure des *Eslancemens du Poëte Chreſtien* en ceſtuy noſtre Royaume, païs, terres, & Seigneuries de noſtre obeyſſance, par l'espace de dix ans, sans qu'autre que luy, ou ceux qui auront droict de luy puissent Imprimer, ny faire Imprimer ledict liure, ou iceluy mettre en vente en façon quelcõque. Ce que nous leur deffendons tres-expressément par ces presentes, sur peine de confiscation desdicts liures, & d'amende arbitraire, voulons, vous mandons & à chacun de vous endroit soy ainsi qu'a luy appartiendra, Commandõs par ces presentes que du cõtenu en icelles vous faciez, souffriez, & laissiez iouyr, & vser plainement ledict Ramberuiller, ses hoirs, & ayans cause, sans permettre qu'il leur soit faict, mis ou dõné aucun destourbier, ou empeschement au cõtraire, lequel si faict, mis ou donné leur estoit, voulons leur estre par vous reparé par toutes voyes deües, & raisonnables, Car tel est nostre plaisir. Donne à Paris le vingt-sixiesme iour d'Auril, l'an de grace, Mil six cens & deux, & de nostre regne le quatorziesme.

Signé par le R o y en son Conseil.

Et plus bas D v F o s.

EXTRAIT DV PRIVILE-
ge de l'Alteſſe de Monſeigneur le
Duc de Lorraine.

SVR la Requeſte preſentée à ſon Alteſſe par le Sieur Alphonſe de Ramberuiller, Lieutenãt general au Bailliage de l'Eueſché de Metz, n'arratiue que depuis quatre ou cinq ans ayant derobé quelques heures de ſa Iudicature, il les auroit employé à la compoſition de certains Poëmes deuots. Intitulés les *Deuots Elancemens du Poëte Chreſtien*, leſquels par l'aduis de ceux qui ont cõmandement ſur luy, il auroit preſenté au Roy comme ſadicte Alteſſe en peut auoir ſouuenance par les lettres que ledict Sieur Roy luy en a eſcrit, lequel liure approuué par les Docteurs de Sorbone, & autres Theologiens, par la ſolicitation de quelques amys que ledict de Rãberuiller a en France, auroit eſté Imprimé à Paris, mais l'impreſſion apportée à l'Autheur auroit eſté trouuée fautiue & incorrecte, de maniere que pour ſatisfaire à la promeſſe qu'il à faict à pluſieurs grands Seigneurs, & Dames de leur fournir d'exemplaires deſdicts *Elancemens*, il auroit pris reſolution de les faire reimprimer en l'Vniuerſité du Pont-à-Mouſſon.

Tendant aux fins qu'il plaiſe à ſadicte Alteſſe luy octroyer Priuilege pour dix ans, auec deffence à tous autres d'en imprimer aucun exemplaire, ou diſtribuer en ſes pays ſans ſa licence.

Sadicte Alteſſe deuëmét aduertie de la veriré de ladicte Requeſte, à permis audict de Ramberuiller de faire Imprimer le liure ſuſnommé, par tel Imprimeur qu'il choiſira en ſes pays, pour l'eſpace de dix ans, deffendans à tous Imprimeurs, Libraires & autres d'Imprimer ou faire Imprimer ny diſtribuer aucun deſdicts liures, que par licence dudict Sieur de Ramberuiller, à peine de confiſcation, & d'amende arbitraire, comme plus amplement il eſt côtenu en l'expedition faicte à Nancy le vingtſeptieſme Septembre, Mil ſix cens deux. Les Sieurs de Bourbonne Grand Chambellan, de Maillane Bailly de l'Eueſché de Metz, de Haraucourt Chambellan, Mainbour Maiſtre aux Requeſtes ordinaire, de Maluoiſin Treſorier general des Finances de Lorraine & Barrois, & Feriet preſens.

Signé CHARLES.

Et plus bas Humbert auec paraffe.